हमारे लोकप्रिय गीतकार

दुष्यन्त कुमार

हमारे लोकप्रिय गीतकार

दुष्यन्त कुमार

सम्पादक

शेरजंग गर्ग

वाणी प्रकाशन

वाणी प्रकाशन

4695, 21-ए, दरियागंज, नयी दिल्ली 110 002

फ़ोन : +91 11 23273167 फ़ैक्स : +91 11 23275710

शाखाएँ

अशोक राजपथ, पटना 800 004, बिहार

कॉफ़ी हाउस कैम्पस, महात्मा गांधी मार्ग, इलाहाबाद 211 001, उत्तर प्रदेश

महात्मा गांधी अन्तरराष्ट्रीय हिन्दी विश्वविद्यालय, वर्धा 442 001, महाराष्ट्र

www.vaniprakashan.in
marketing@vaniprakashan.in
sales@vaniprakashan.in

HAMARE LOKPRIYA GEETKAR : DUSHYANT KUMAR
Edited by Sherjung Garg

ISBN : 978-93-5229-132-8
Poetry/Ghazals

संस्करण 2004, 2008, 2010, 2012
आवृत्ति 2018

मूल्य : ₹ 150

एम.एस. प्रिंटर्स, दिल्ली-110 095 में मुद्रित

वाणी प्रकाशन का लोगो मक़बूल फ़िदा हुसेन की कूची से

दुष्यन्त कुमार : सूरत बदलने की कोशिश

जहाँ तक मुझे याद पड़ता है, दुष्यन्त कुमार के नाम से मेरा पहला परिचय देहरादून के साहित्य सदन में हुआ था। 'साहित्य सदन' साहित्यिक पुस्तकों का विक्रय केंद्र था और सुरेन्द्र नाथ इसके मालिक थे। वहाँ मैंने दुष्यन्त की प्रथम काव्य-कृति 'सूर्य का स्वागत' की प्रति देखी थी। यह लगभग सन् सत्तावन-अट्ठावन की बात होगी। उन दिनों मैं किताबें ख़रीदने की प्रबल इच्छा होते हुए भी बहुत-सी किताबें ख़रीद नहीं पाता था और इस लालच में निरंतर 'साहित्य सदन' जाने लगा था कि नयी-नयी पुस्तकों से परिचय बना रहे। 'सूर्य का स्वागत' पुस्तक देखी तो उसकी कई कविताओं ने अपनी ओर ध्यान खींचा और धीरे-धीरे दुष्यन्त कुमार मेरे पसंदीदा कवियों की श्रेणी में आ गए। यों तो इस संकलन में अनेक श्रेष्ठ रचनाएँ थी। मगर उस समय मुझे 'नयी पीढ़ी का गीत' कविता विशेष पसंद आई :

जो मरुस्थल आज अश्रु भिगो रहे हैं,
भावना के बीज जिस पर बो रहे हैं,
सिर्फ मृग छलन नहीं वह चमचमाती रेत।
क्या हुआ जो युग हमारे आगमन पर मौन
सूर्य की पहली किरण पहचानता है कौन ?
अर्थ कम देंगे हमारे आज के संकेत।
तुम न मानो शब्द कोई है न नामुमकिन
कल उगेंगे चाँद तारे कल उगेगा दिन
कल फसल देंगे समय को, यही बंजर खेत

ज़ाहिर है मेरे युवा मन को यह गीत बहुत-बहुत अपना लगा था।

इसके बाद दुष्यन्त कुमार को 'नया जीवन' में पढ़ने का अवसर मिला। कन्हैया लाल मिश्र प्रभाकर द्वारा यह पत्रिका साहित्य-जगत में वहुत प्रसिद्ध थी और प्रभाकरजी प्रत्येक रचना के साथ अपनी साहित्यिक टिप्पणी बेजोड़ शैली

में दिया करते थे। 'नया जीवन' में दुष्यन्त का लेख प्रसिद्ध कवि रमानाथ अवस्थी के बारे में था, जिसका शीर्षक था–'सिंधु में डूबा न मैं, डूबा नयन के नीर में' इस लेख को पढ़कर मेरा दुष्यन्त के साथ मेरा परोक्ष परिचय और भी प्रगाढ़ हो गया।

दुष्यन्त कुमार से पहली मुलाक़ात जून उन्नीस सौ साठ के अंतिम सप्ताह में आकाशवाणी दिल्ली में हुई। तब मैं एम.ए. करने के बाद सरिता के संपादकीय विभाग में आ गया था। आकाशवाणी की इस काव्य गोष्ठी में रामानंद दोषी, श्रीकांत वर्मा और रमेश गौड भी शामिल थे। गोपाल कृष्ण कौल से भी पहली भेंट तभी हुई थी। रमानाथजी ने कौलजी को मेरे दिल्ली आ जाने के विषय में बताया था औरए फिर कौलजी ने मुझे उस गोष्ठी के लिए फोन पर ही आमंत्रित कर लिया था। दुष्यन्त और कौलजी की घनिष्ठ मैत्री थी। अतः कौलजी की गोष्ठी में दुष्यन्त की मौजूदगी अवश्यंभावी थी। और मुझे यह बतलाते हुए प्रसन्नता का अनुभव हो रहा है कि मेरी पहली रेडियो गोष्ठी में दुष्यन्त वहैसियत एक श्रोता वहाँ मौजूद थे। हाँ, प्रख्यात प्रगतिशील साहित्यकार रतनलाल बंसल से भी यही पर मेरी पहली भेंट हुई थी।

प्रसारण के तुरंत बाद दुष्यन्तजी ने अत्यंत आत्मीयता से मेरे कंधे पर हाथ रखते हुए कहा था–"शेरजंग, तुम यहाँ सरिता-वरिता में रहकर क्या करोगे ? बिजनौर में नया कॉलेज खुला है। वहाँ के प्रबंधक मेरे मित्र हैं (शायद उन्होंने किन्हीं जैन साहब का नाम लिया था)। मैं उन्हें लिखे देता हूँ, वह तुम्हें लेक्चरर नियुक्त कर लेंगे। देहरादून, दिल्ली फिर बिजनौर का यह विरोधाभास मुझे असमंजस में डाल गया। दिल्ली छोड़कर जाना गवारा नहीं हुआ और दुष्यन्त भाई की इस इच्छा को मैं पूरा न कर सका। यहीं रह गया। मगर दुष्यन्तजी की यह बेबाक राय में आज तक भूल नहीं पाया हूँ और दुष्यन्त की याद के साथ-साथ यह वाकया भी मेरे ज़ेहन में जगह बनाए हुए है।

लगभग साठ-इकसठ के दौरान दुष्यन्त का स्थानांतरण भोपाल हो गया तो दिल्ली में उनसे भेंटों का सिलसिला थम-सा गया। इसी दौरान उनसे मथुरा में आयोजित एक कवि सम्मेलन में मुलाक़ात हुई। वह भोपाल से आए थे और दिल्ली जाने वाले थे। मुझे याद है इस आयोजन में दुष्यन्त ने अपनी कविताएँ सस्वर प्रस्तुत कीं थीं और खूब पसंद किए गए थे। जमने का एक कारण यह भी था कि उनकी कविता और काव्य पाठ तो बढ़िया था ही, उनका व्यक्तित्त्व भी अत्यंत आकर्षक था। कविताएँ पढ़ चुके तो कहने लगे–"आधा घंटे में दिल्ली के लिए

अमुक एक्सप्रेस जाने वाली है। चलो साथ निकल पड़ते हैं। गपशप रहेगी और मेरी मजबूरी यह थी कि मैंने अब तक कविता पाठ नहीं किया था और ऐसी हालात में मैं दुष्यन्त का साथ कैसे देता।

लेकिन इतना साफ़ है कि उस दिन दुष्यन्त कुमार के काव्यपाठ को सुनना मेरे लिए एंक अनुभव था। काव्यपाठ की दुष्यन्ती शैली में किसी प्रकार की कृत्रिमता नहीं थी और उन्हें सुनते-सुनते श्रोता दर्शक भी बन जाता था क्योंकि वह दुष्यन्त को भरपूर निहारता भी था। अस्तु

हिंदी कविता में ऐसा बहुत-बहुत कम हुआ है कि कोई रचनाकार अपने लेखन की शुरुआत गीतों से करे, फिर नयी कविता लिखने की दिशा में मुड़ जाए और युगीन आकांक्षाओं, विडंबनाओं और मनःस्थितियों का चित्रण करके विपुल यश अर्जित करने के बाद पुनः गीत की एक शैली ग़ज़ल कहते हुए सफलता के शिखरों का स्पर्श करके सारे परिदृश्य की सूरत ही बदल डाले। दुष्यन्त कुमार ने कुछ ऐसा ही हंगामा खड़ा करके संपूर्ण साहित्य जगत को चौंका दिया।

पहले पहल दुष्यन्त ने 'धर्मयुग' एवं 'सारिका' के माध्यम से अपनी ग़ज़लों में युगीन तड़प का अंकन किया और कविता के सामान्य एवं प्रबुद्ध पाठकों को चकित और विस्मित भी किया। फिर 'साये में धूप' के प्रकाश के बाद एक 'बैस्ट सैलर' पुस्तक के रचनाकार होने का गौरव भी प्राप्त किया। 'साये में धूप' के बीसियों संस्करण मेरे इस कथ्य का प्रमाण हैं। परंतु 'साये में धूप' के प्रकाशन से पूर्व हिंदी में ग़ज़लगोई होते रहने के बावजूद ग़ज़ल को कविता की मुख्यधारा में शामिल नहीं किया जाता था। दुष्यन्त से बहुत पहले हिंदी में ग़ज़लें कहने वालों में निराला, शमशेर, त्रिलोचन, शंभुनाथ 'शेष', चिरंजीत, हरिकृष्ण प्रेमी कई बेहतरीन ग़ज़लें कहने के बावजूद इतने ख्यात नहीं हो सके थे, जितने बलवीर सिंह रंग, बालस्वरूप राही और सूर्यभानु गुप्त। मगर दुष्यन्त ने ग़ज़ल को हिंदी कविता की मुख्य धारा में शामिल करने का प्रत्यक्ष अभियान चला दिया। छंद में लिखने वाले अधिकांश कवि ग़ज़लें कहने की दिशा में मुख़ातिब हुए, साहित्यिक पत्रिकाएँ ग़ज़लें छापने में रुचि लेने लगीं, कवि सम्मेलनों में ग़ज़लों की बहुतायत हो गई और ग़ज़लगो होना एवं सम्मानप्रद संबोधन और रचना-कर्म हो गया। हर नया-पुराना कवि ग़ज़लें कहने लगा। कहा जा सकता है कि उर्दू की अत्यंत लोकप्रिय काव्य शैली को हिंदी के कवि-गीतकार ले उड़े। नतीजतन उर्दू रचनाकारों में हिंदी ग़ज़ल के प्रति उपेक्षा भाव भी देखने में आया। दूसरी ओर कविता में नये प्रयोगों के हामी नये कवियों को यह शैली अत्यंत सीमित लगी और आलोचकों

ने भी इस ओर विशेष ध्यान नहीं दिया। इस सबके बावजूद हिंदी में ग़ज़ल लेखन की गति में अवरोध नहीं आया और दुष्यन्त इस मामले में बराबर शीर्ष पर रहे। आज हालत यह है कि प्रायः हर दूसरा ग़ज़लकार दूसरा दुष्यन्त बनने की होड़ में शामिल दिखाई दे रहा है। ऐसे सैकड़ों ग़ज़लकारों को देखकर अकबर इलाहाबादी की ये पंक्तियाँ बेसाख़्ता कौंध जाती हैं :

बढ़ाई शेख़ ने दाढ़ी हज़ार सन की-सी
मगर वो बात कहाँ मौलवी मदन की सी

अब चाहें तो हम इन पंक्तियों के 'मालवी मदन' को दुष्यन्त और 'शेख़' को बुहत-से छुटभैयों का पर्याय मान सकते हैं।

इसी सिलसिले में एक तमाशा और हुआ। 'साये में धूप' की विलक्षण ख्याति और मात्र बावन चुभती, कुरेदती, मार्मिक ग़ज़लों के दम पर लगभग विश्वव्यापी यश पा जाने वाले दुष्यन्त की लोकप्रियता ने नये उत्साही ग़ज़लकारों को दिग्भ्रमित-सा कर दिया। वे सब ग़ज़ल कहने की धुन में यह भी भूल गए कि सफलता की इस मंज़िल तक पहुँचने के लिए दुष्यन्त किन-किन राहों से गुजरकर इस मुक़ाम तक पहुँचे हैं। उनकी ढाई दशकों की रचना-यात्रा में कौन-कौन से पड़ाव आए थे और उनकी अन्य उल्लेखनीय कृतियाँ कौन-कौन-सी हैं। मगर उत्साहियों को मात्र 'साये में धूप' की बाबन ग़ज़ल ही दिखाई दे रही थीं। इसी भ्रम के तहत वे धड़ल्ले से ग़ज़लें कहने लगे। कइयों ने एक नहीं, दो नहीं अपितु पाँच-पाँच, छः-छः ग़ज़ल संकलन छपवा लिए और दुष्यन्त जैसी ख्याति की प्रतीक्षा करने लगे। न उन्हें यह मालूम था कि 'सूर्य का स्वागत' जैसी कृति में उन्होंने कई प्यारे-प्यारे गीत लिखे हैं, न इस तथ्य का अनुमान था, 'आवाज़ों के घेरे' और 'जलते हुए वन का बसंत' में दुष्यन्त की कई श्रेष्ठ कविताएँ मौजूद हैं और न ही 'एक कंठ विषपायी' की दुर्दम्य अनुभूति प्रवणता के प्रति उनकी कोई जानकारी थी। ये कृतियाँ भी दुष्यन्त की प्रतिभा का भरपूर परिचय देती हैं। इसी प्रकार 'छोटे छोटे सवाल' और 'आँगन में एक वृक्ष' जैसे उपन्यासों में दुष्यन्त का निखरा हुआ गद्य तथा कथा-कथ्य कौशल भी सामने आता है। इसके अलावा उत्साहियों को इस बात की जानकारी भी नहीं थी कि दुष्यन्त ने 'नयी कहानी' संबंधी आलोचनात्मक लेख लिखवाने के लिए आज के शीर्ष आलोचक को एक कमरे में बंद कर दिया था और नामवरजी से लिख-लिखवाकर ही दम लिया था।

वास्तविकता यह है कि दुष्यन्त के मानवीय, सामाजिक, साहित्यिक एवं राजनैतिक सरोकार बहुत गहरे थे। उनके गीतों, कविताओं और ग़ज़लों ने हर

अवसर पर इन सरोकारों का दामन थामे रक्खा और अवसरानुकूल क्रांति का परचम भी फहराया तथा दारुण, चिंतनीय, अमानवीय, विसंगत स्थितियों को रेखांकित भी किया। मैंने अनेक अवसरों पर समाज के विभिन्न क्षेत्रों के संघर्षरत लोगों को दुष्यन्त का यह शे'र उद्‌धृत करते हुए सुना है :

कैसे आकाश में सूराख़ नहीं हो सकता
एक पत्थर तो तबीयत से उछालो यारो

इसी प्रकार सभा-समारोहों, साहित्यिक गोष्ठियों, व्यक्तिगत बातचीत में दुष्यन्त के निम्नांकित अश्आर खूब सुनाए जाते हैं :

हमने तमाम उम्र अकेले सफ़र किया
हम पर किसी खुदा की इनायत नहीं रही

हमको पता नहीं था, हमें अब पता चला,
इस मुल्क में हमारी हुकूमत नहीं रही।

हमारा क़द सिमट कर घट गया है
हमारे पैरहन झोले हुए हैं

अब तो इस तालाब का पानी बदल दो
ये कँवल के फूल मुरझाने लगे हैं।

ये सारा जिस्म झुक कर बोझ से दोहरा हुआ होगा
मैं सजदे में नहीं था आपको धोखा हुआ होगा।

यहाँ तो सिर्फ गूँगे और बहरे लोग बसते हैं
खुदा जाने यहाँ पर किस तरह जलसा हुआ होगा।

कहाँ तो तय था चिरागाँ हरेक-घर के लिए
कहाँ चिराग़ भयस्सा नहीं शहर के लिए

वस्तुतः 'साये में धूप' संकलन की प्रत्येक ग़ज़ल अपने अंदाज़ में अनूठी है और अलग-अलग विस्तृत टिप्पणी की माँग करती है। ये ग़ज़लें स्वातंत्र्योत्तर भारत की राजनैतिक, नैतिक अथवा सामाजिक स्थितियों की ग़ज़लें नहीं है, अपितु

आपातकाल के दौरान उभरी ऊहापोह, बौखलाहट और तड़ की रचनाएँ हैं। ये ग़ज़लें आम आदमी का दर्द, उसकी आकांक्षा, उसकी पीड़ा और बेचैनी को आमफहम भाषा में बयान करने वाला दस्तावेज़ है। यही कारण है कि जनसामान्य दुष्यन्त को अपना और सिर्फ अपना हमदम और दोस्त मानने के साथ-साथ उन्हें अपना कवि भी मानता है।

दुष्यन्त हिंदी साहित्य में एम.ए. थे। इलाहाबाद में कमलेश्वर, मार्कण्डेय के साथ मिलकर दुष्यन्त एक ऐसी शातिर तिकड़ी बनाए हुए थे जो तत्कालीन साहित्यिक दुनिया में अपनी शरारतों, मनोविनोद; लतीफ़ेबाज़ी और प्रतिभासंपन्नता के कारण विख्यात थी। उन दिनों इस तिकड़ी की चर्चा भरपूर थी। यह वह समय था जब बच्चन, धर्मवीर भारती, उपेन्द्र नाथ अश्क, सर्वेश्वर दयाल सक्सेना जैसे अनेक साहित्यकार इलाहाबाद में सक्रिय थे। दुष्यन्त की परिमार्जित तथा सहज हिंदी 'सूर्य का स्वागत', 'आवाज़ों के घेरे' तथा 'जलते हुए वन का बसंत' जैसी कृतियों में देखी जा सकती है। परंतु ग़ज़लें कहने के लिए उन्होंने आमफहम भाषा का चुनाव किया। अगर वे 'निराला' और 'शंभूनाथ शेष' के समान बोल-चाल से इतर हिंदी का प्रयोग करते तो संभवतः आम आदमी तक पहुँचना मुश्किल हो जाता। इस संबंध में स्वयं दुष्यन्त के ये विचार द्रष्टव्य है :

"उर्दू और हिंदी अपने-अपने सिंहासन से उतरकर जब आम आदमी के पास लाती है तो उनमें फर्क़ कर पाना बहुत मुश्किल होता है। मेरी नीयत और कोशिश यह रही है कि इन दोनों भाषाओं को ज़्यादा से ज़्यादा क़रीब ला सकूँ। इसलिए ये ग़ज़लें उस भाषा में कही गई हैं, जिसे मैं बोलता हूँ।"

सचमुच दुष्यन्त ने गलियों-सड़कों, दफ्तरों-रेस्तराओं, बस-स्टॉपों, रेलवे-स्टेशनों, सभाओं, परिवारों में बोली जानेवाली भाषा को अपनी ग़ज़लों में जगह दी और इन ग़ज़लों को आम आदमी का कथ्य बना दिया। यह आकस्मिक नहीं है कि उर्दू से जुड़े अनेक मित्र भले ही हिंदी कविता-साहित्य के बारे में बेख़बर हों, मगर उन्होंने दुष्यन्त का नाम सुना है और उनके कइयों अश्आर की तारीफ़ भी की है।

अपने ग़ज़ल लेखन के बारे में दिया गया दुष्यन्त का वक्तव्य भी अत्यंत महत्त्वपूर्ण है—"ज़िंदगी में कभी-कभी ऐसा दौर आता है जब तकलीफ़ें गुनगुनाहट के रास्ते बाहर आना चाहती हैं। उस दौर में फँसकर ग़मे जानाँ और ग़मे घैराँ तक एक हो जाते हैं। ये ग़ज़लें दरअसल ऐसे ही एक दौर की देन हैं।"

कहा जा सकता है कि दुष्यन्त अपने व्यक्तित्त्व में इतने सघन, इतने जांबाज़,

इतने फक्कड़, इतने जीवंत थे कि इसकी दूसरी मिसाल मिलना मुश्किल है। दुष्यन्त जिस महफिल में बैठते थे, उसकी मुर्दनी सहसा ग़ायब हो जाती थी, उनका खूबसूरत खिला चेहरा मनहूसियत का सबसे बड़ा दुश्मन था। बक़ौल शरद जोशी—"लतीफ़े को सत्य घटना और सत्य घटना को लतीफ़ा बना उड़ा देना, किसी अनजान पर मुग्ध हो उसकी प्रशंसा गाते जाना और इन सबके साथ बार-बार लौटकर बार-बार कविताएँ या ग़ज़ल लिखना, अपने बच्चों पर प्यार उँडेलते हुए अति कर जाना, निरंतर दोस्तों को याद करना, बल्कि साहित्य को कुल मिलाकर चंद दोस्तों और दुश्मनों की गतिविधियों से अधिक न मानना और इस सबके बावजूद किसी श्रेष्ठ तथा महान लेखन के सपने संजोना, दुष्यन्त का स्वभाव था। मेरी इस बात पर बड़ा प्रसन्न होता था कि तू कविता समाप्त करते ही गुंडा हो जाता है।"

नियति का कैसा व्यंग्य है कि अनेक प्रतिमाएँ अपने जीवन के चरम उत्कर्ष काल में और बहुत कम उम्र में संसार से चली गई। दूर क्यों जाएँ, हिंदी के अनेक कालजयी रचनाकार बहुत शीघ्र ही मृत्यु के शिकार हो गए। भारतेन्दु हरिश्चंद्र, जयशंकर प्रसाद, मोहन राकेश, दुष्यन्त कुमार और धूमिल कुछ ऐसे नाम हैं जो चालीस-पैंतालिस की अवस्था तक पहुँचते-पहुँचते दिवंगत हो गए। दुष्यन्त का मात्र बयालीस वर्ष की अवस्था में निधन हो जाना, किसी वज्रपात से कम नहीं था, मगर बेज़ुबान, त्रस्त मज़लूम जन सामान्य के दुख-दर्द को वाणी देकर दुष्यन्त सदा सदा के लिए साहित्य की दुनिया में अमर हो गए। उनकी पंक्तियाँ दिमाग़ों पर दस्तक देकर झकझोरती हैं और जीवित रहने, संघर्ष करने और अन्याय के विरुद्ध के आवाज़ बुलंद करने की प्रेरणा देती हैं।

दुष्यन्त की स्मृतियों का सबसे प्रखर दस्तावेज़ है, उनकी मृत्यु के बाद उनके हमदम और दोस्त कमलेश्वर द्वारा संपादित 'सारिका' दुष्यन्त कुमार स्मृति-अंक। इस अंक में प्रकाशित दुष्यन्त संबंधी शामी, दामोदर सदन, नर्मदा प्रसाद त्रिपाठी, कैलाश शुंगुलू और राजेश्वरी त्यागी जैसे परम आत्मीयों के संस्मरण। इसके अलावा अप्रतिम हैं वे दो संपूर्ण पृष्ठ, जिनमें दुष्यन्त के दाहिने हाथ को अँधेरे से सवाल करता हुआ और बाएँ हाथ को अँधेरे को रोकता हुआ बताया गया है। यह एक प्रतीक भी है और सच कहें तो एक चमचमाता हुआ यथार्थ भी।

सचमुच दुष्यन्त आजीवन अँधेरे से सवाल करते रहे और उसे रोकने की फौलादी कोशिश करते रहे।

—शेरजंग गर्ग

कविता-क्रम

गीत और मुक्तक

सूना घर 19
दो मुक्तक 20
अच्छा बुरा 21
असमर्थता 22
मेरे स्वप्न 23
तुझे कैसे भूल जाऊ 24
मुक्तक 25
यह क्यों 26
एक मनः स्थिति का चित्र 27
पुनः स्मरण 28
आँधी और आग 29
ज़िन्दगी कर लिया स्वीकार 30
कौन यहाँ आया था 31

ग़ज़लें

कहाँ तो तय था 35
कैसे मंज़र 36
ये सारा जिस्म 37
देख, दहलीज़ से 38
खण्डहर बचे हुए हैं 39
कहीं पे धूप की चादर 40
मत कहो आकाश में 41

हो गई है पीर पर्वत-सी 42
ज़िन्दगी का कोई मक़सद 43
बाढ़ की संभावनाएँ 44
रोज़ जब रात को 45
ये धुएँ का एक घेरा 46
लफ़्ज़ एहसास-से 47
एक गुड़िया की कई 48
मैं जिसे ओढ़ता बिछाता हूँ 49
होने लगी है जिस्म में 50
अब किसी को भी नज़र आती नहीं 51
तुम्हारे पाँव के नीचे 52
वो आदमी नहीं है 53
बहुत संभाल के रखी 54

कविताएँ

गीत का जन्म 57
एक आशीर्वाद 58
भविष्य की वन्दना 59
...राह खोजेंगे 60
दूसरा संदर्भ 61
आज 62
दृष्टान्त 63
आग जलती रहे 64
सूखे फूल : उदास चिराग़ 66
कौन-सा पथ 67
आवाज़ों के घेरे 68
अपनी प्रेमिका से 69
अबोध शाप 71
शीत प्रतिक्रिया 72
क़ैद परिन्दे का वयान 73
धर्म 75

ओ मेरी ज़िन्दगी 76
मैं और मेरा दुःख 78
वासना का ज्वार 79
एक पत्र का अंश 80
इनसे मिलिये (नखशिख वर्णन) 81
देश प्रेम 83
ईश्वर को सूली 84
तुलना 87
मंत्री की मैना 89
सवाल 92
गाते गाते 94

'एक कंठ विषपायी' से

सर्वहत 99
शंकर 117

गीत और मुक्तक

सूना घर

सूने घर में किस तरह सहेजूँ मन को
पहले तो लगा कि अब आई तुम, आकर
अब हँसी की लहरें काँपी दीवारों पर
खिड़कियाँ खुलीं अब लिये किसी आनन को

पर कोई आया गया न कोई बोला
खुद मैंने ही घर का दरवाज़ा खोला
आदतवश आवाज़ें दीं सूनेपन को

फिर घर की खामोशी भर आई मन में
चूड़ियाँ खनकती नहीं कहीं आँगन में
उच्छ्वास छोड़कर ताका शून्य गगन को
पूरा घर अँधियारा गुमसुम साए हैं
कमरे के कोने पास खिसक आए हैं
सूने घर में किस तरह सहेजूँ मन को

दो मुक्तक

: 1 :

ओ री घटा
तूने एक बूँद भेजी नहीं
ले प्यासे अधर यहाँ
कब से खड़ा हूँ मैं!

मेरी हर अग्नि तुझ तक
पहुँच कर बनी है जल
सोचा तो होता
याचक कितना बड़ा हूँ मैं!!

: 2 :

रोम-रोम पुलकित
उच्छ्वसित अधर
उठती-गिरती छाती
कम्पित स्वर
आँखों में विस्मय...!
...अभी-अभी जो मेरा तन सिहराती गई
क्या वह तेरी साँस नहीं थी
जिसने मुझे छुआ
क्या वह तेरा स्पर्श नहीं था?

अच्छा-बुरा

यह कि चुपचाप पिए जाएँ
प्यास पर प्यास जिए जाएँ
काम हर एक किए जाएँ
और फिर छिपाएँ
वह ज़ख़्म जो हरा है
यह परम्परा है।

किन्तु इन्कार अगर कर दें
दर्द को बेबसी की स्वर दें
हाय से रिक्त शून्य भर दें
खोलकर धर दें
वह ज़ख़्म जो हरा है
तो बहुत बुरा है।

असमर्थता

पथ के बीचो-बीच खड़ी दीवार
और मैं देख रहा हूँ!

बढ़ती आती रात
चील-सी पर फैलाए,
और सिमटते जाते
विश्वासों के साए।
तम का अपने सूरज पर विस्तार
और मैं देख रहा हूँ!

महज़ तनिक से तेज़
हवा के हुए दुधारे,
औंधे मुँह गिर पड़े,
धूल पर सपने सारे,
खिलने के क्षण में ऐसे आसार
और मैं देख रहा हूँ!

धिक्! मेरा काव्यत्व
कि जिसने टेका माथा,
धिक् मेरा पुंसत्व
कि जिसकी कायर गाथा,
ये अपने से ही अपने की हार
और मैं देख रहा हूँ!

मेरे स्वप्न

मेरे स्वप्न तुम्हारे पास सहारा पाने आएँगे।
इस बूढ़े पीपल की छाया में सुस्ताने आएँगे।।

हौले-हौले पाँव हिलाओ, जल सोया है छेड़ो मत,
हम सब अपने-अपने दीपक यहीं सिराने आएँगे।।

थोड़ी आँच बची रहने दो, थोड़ा धुआँ निकलने दो,
कल देखोगी कई मुसाफिर इसी बहाने आएँगे।।

उनको क्या मालूम निरूपित इस सिकता पर क्या बीती,
वे आए तो यहाँ शंख-सीपियाँ उठाने आएँगे।।

फिर अतीत के चक्रवात में दृष्टि न उलझा लेना तुम,
अनगिन झोंके उन घटनाओं को दोहराने आएँगे।।

रह-रह आँखों में चुभती है पथ की निर्जन दोपहरी,
आगे और बढ़े तो शायद दृश्य सुहाने आएँगे।।

मेले में भटके होते तो कोई घर पहुँचा जाता,
हम घर में भटके हैं कैसे ठौर-ठिकाने आएँगे।।

हम क्यों बोलें-इस आँधी में कई घरौंदे टूट गए,
इन असफल निर्मितियों के शव कल पहचाने जाएँगे।।

हम इतिहास नहीं रच पाए इस पीड़ा में दहते हैं,
अब जो धाराएँ पकड़ेंगे, इसी मुहाने आएँगे।।

तुझे कैसे भूल जाऊँ!

अब उम्र का ढलान उतरते हुए मुझे
आती है तेरी याद, तुझे कैसे भूल जाऊँ।

गहरा गए हैं खूब धुँधलके निगाह में
गो राहरो नहीं है कहीं, फिर भी राह में—
लगते हैं चंद साए उभरते हुए मुझे
आती है तेरी याद, तुझे कैसे भूल जाऊँ।

फैले हुए सवाल-सा, सड़कों का जाल है,
ये शहर हैं उजाड़, या मेरा ख़याल है,
सामने-सफ़र बाँधते-धरते हुए मुझे
आती है तेरी याद, तुझे कैसे भूल जाऊँ।

फिर पर्वतों के पास बिछा झील का पलंग
होकर निढाल, शाम बजाती है जलतरंग,
इन रास्तों से तन्हा गुज़रते हुए मुझे
आती है तेरी याद, तुझे कैसे भूल जाऊँ।

उन सिलसिलों की टीस अभी तक है घाव में,
थोड़ी-सी आँच और बची है अलाव में,
सजदा किसी पड़ाव में करते हुए मुझे
आती है तेरी याद, तुझे कैसे भूल जाऊँ!

मुक्तक

: 1 :

सँभल सँभल के' बहुत पाँव धर रहा हूँ मैं
पहाड़ी ढाल से जैसे उतर रहा हूँ मैं
क़दम क़दम पे' मुझे टोकता है दिल ऐसे
गुनाह कोई बड़ा जैसे कर रहा हूँ मैं।

: 2 :

तरस रहा है मन फूलों की नयी गन्ध पाने को
खिली धूप में, खुली हवा में, गाने-मुसकाने को
तुम अपने जिस तिमिरपाश में मुझको क़ैद किये हो
वह बन्धन ही उकसाता है बाहर आ जाने को।

: 3 :

गीत गाकर चेतना को वर दिया मैंने
आँसुओं से दर्द को आदर दिया मैंने
प्रीत मेरी आत्मा की भूख थी, सहकर
ज़िन्दगी का चित्र पूरा कर दिया मैंने

: 4 :

जो कुछ भी दिया अनश्वर दिया मुझे
नीचे से ऊपर तक भर दिया मुझे
ये स्वर सकुचाते हैं लेकिन तुमने
अपने तक ही सीमित कर दिया मुझे।

यह क्यों

हर उभरी नस मलने का अभ्यास
रुक रुककर चलने का अभ्यास
छाया में थमने की आदत
यह क्यों?

जब देखो दिल में एक जलन
उल्टे उल्टे से चाल-चलन
सिर से पाँवों तक क्षत-विक्षत
यह क्यों?

जीवन के दर्शन पर दिन-रात
पण्डित विद्वानों जैसी बात
लेकिन मूर्खों जैसी हरकत
यह क्यों?

एक मनःस्थिति का चित्र

मानसरोवर की
गहराइयों में बैठे
हंसों ने पाँखें दीं खोल

शान्त, मूक अम्बर में
हलचल मच गई
गूँज उठे त्रस्त विविध-बोल

शीश टिका हाथों पर
आँख झपीं, शंका से
बोधहीन हृदय उठा डोल।

पुनःस्मरण

आह-सी धूल उड़ रही है आज
चाह-सा काफ़िला खड़ा है कहीं
और सामान सारा बेतरतीब
दर्द-सा बिन-बँधे पड़ा है कहीं
कष्ट-सा कुछ अटक गया होगा,
मन-सा राहें भटक गया होगा
आज तारों तले बिचारे को
काटनी ही पड़ेगी सारी रात
× × ×
बात पर याद आ गई है बात

स्वप्न थे तेरे प्यार के सब खेल
स्वप्न की कुछ नहीं बिसात कहीं
मैं सुबह जो गया बगीचे में
बदहवास होके जो नसीम बही
पात पर एक बूँद थी, ढलकी,
आँख मेरी मगर नहीं छलकी
हाँ, बिदाई तमाम रात आई—
याद रह रह के' कँपकँपाया गात
× × ×
बात पर याद आ गई है बात

आँधी और आग

अब तक ग्रह कुछ बिगड़े-बिगड़े से थे इस मंगल-तारे पर
नयी सुबह की नयी रोशनी हावी होगी अँधियारे पर
उलझ गया था कहीं हवा का आँचल जो अब छूट गया है
एक परत से ज़्यादा राख नहीं है युग के अंगारे पर।

गीत

ज़िन्दगी ने कर लिया स्वीकार
अब तो पथ यही है।
अब उफनते ज्वार का आवेग मद्धम हो चला है,
एक हल्का-सा धुँधलका था कहीं कम हो चला है,
यह शिला पिघले न पिघले रास्ता नम हो चला है,
क्यों करूँ आकाश की मनुहार,
        अब तो पथ यही है।

क्या भरोसा, काँच का घट है, किसी दिन फूट जाए,
एक मामूली कहानी है, अधूरी छूट जाए,
एक समझौता हुआ था रोशनी से, टूट जाए,
आज हर नक्षत्र है अनुदार,
        अब तो पथ यही है।

यह लड़ाई, जो कि अपने आपसे मैंने लड़ी है,
यह घुटन, यह यातना, केवल किताबों में पढ़ी है,
यह पहाड़ी, पाँव क्या चढ़ते, इरादों ने चढ़ी है,
कल दरीचे ही बनेंगे द्वार,
        अव तो पथ यही है।

गीत

कौन यहाँ आया था
कौन दीया बाल गया!
सूनी घर-देहरी में
ज्योति-सी उजाल गया।

पूजा की बेदी पर
गंगा जल भरा कलश
रक्खा था, पर झुककर
कोई कौतूहलवश
बच्चों की तरह, हाथ
डालकर खँगाल गया।

आँखों में तिर आया
सारा आकाश सहज,
नए रंग रँगा, थका–
हारा आकाश सहज,
पूरा अस्तित्व एक
गेंद-सा उछाल गया।

अधरों में आग, राग
अनमनी दिशाओं में,
पार्श्व में, प्रसंगों में
व्यक्ति में, विधाओं में
साँस में, शिराओं में
पारा-सा ढाल गया।

ग़ज़लें

कहाँ तो तय था

कहाँ तो तय था चिराग़ाँ हरेक घर के लिए,
कहाँ चिराग़ मयस्सर नहीं शहर के लिए।

यहाँ दरख़्तों के साये में धूप लगती है,
चलो यहाँ से चलें और उम्र भर के लिए।

न हो कमीज़ तो पाँवों से पेट ढँक लेंगे,
ये लोग कितने मुनासिब हैं इस सफ़र के लिए।

खुदा नहीं, न सही, आदमी का ख़्वाब सही,
कोई हसीन नज़ारा तो है नज़र के लिए।

वे मुतमइन हैं कि पत्थर पिघल नहीं सकता,
मैं बेक़रार हूँ आवाज़ में असर के लिए।

तेरा निज़ाम है सिल दे ज़ुबान शायर की,
ये एहतियात ज़रूरी है इस बहर के लिए।

जिएँ तो अपने बग़ीचे में गुलमोहर के तले,
मरें तो ग़ैर की गलियों में गुलमोहर के लिए।

कैसे मंज़र

कैसे मंज़र सामने आने लगे हैं,
गाते-गाते लोग चिल्लाने लगे हैं।

अब तो इस तालाब का पानी बदल दो,
ये कँवल के फूल कुम्हलाने लगे हैं।

वो सलीबों के क़रीब आए तो हमको,
क़ायदे-क़ानून समझाने लगे हैं।

एक क़ब्रिस्तान में घर मिल रहा है,
जिसमें तहख़ानों से तहख़ाने लगे हैं।

मछलियों में खलबली है, अब सफ़ीने,
उस तरफ़ जाने से कतराने लगे हैं।

मौलवी से डाट खाकर अहले मक़तब,
फिर उसी आयत को दोहराने लगे हैं।

अब नई तहज़ीब के पेशे-नज़र हम,
आदमी को भूनकर खाने लगे हैं।

ये सारा जिस्म

ये सारा जिस्म झुककर बोझ से दुहरा हुआ होगा,
मैं सजदे में नहीं था, आपको धोखा हुआ होगा।[1]

यहाँ तक आते-आते सूख जाती हैं कई नदियाँ,
मुझे मालूम है पानी कहाँ ठहरा हुआ होगा।

ग़ज़ब ये है कि अपनी मौत की आहट नहीं सुनते,
वो सब के सब परीशाँ हैं वहाँ पर क्या हुआ होगा।

तुम्हारे शहर में ये शोर सुन-सुनकर तो लगता है,
कि इंसानों के जंगल में कोई हाँका हुआ होगा।

कई फ़ाक़े बिताकर मर गया, जो उसके बारे में,
वो सब कहते हैं अब, ऐसा नहीं, ऐसा हुआ होगा।

यहाँ तो सिर्फ़ गूँगे और बहरे लोग बसते हैं,
खुदा जाने यहाँ पर किस तरह जलसा हुआ होगा।

चलो, अब यादगारों की अँधेरी कोठरी खोलें,
कम-अज़-कम एक वो चेहरा तो पहचाना हुआ होगा।

---

1. अपने मित्र के.पी. शुँगलू को समर्पित, जिसने मतले का विचार दिया।

देख, दहलीज़ से

देख, दहलीज से काई नहीं जाने वाली,
ये ख़तरनाक सचाई नहीं जाने वाली।

कितना अच्छा है कि साँसों की हवा लगती है,
आग अब उनसे बुझाई नहीं जाने वाली।

एक तालाब-सी भर जाती है हर बारिश में,
मैं समझता हूँ ये खाई नहीं जाने वाली।

चीख़ निकली तो है होठों से, मगर मद्धम है,
बंद कमरों को सुनाई नहीं जाने वाली।

तू परेशान बहुत है, तू परेशान न हो,
इन ख़ुदाओं की ख़ुदाई नहीं जाने वाली।

आज सड़कों पे चले आओ तो दिल बहलेगा,
चन्द ग़ज़लों से तन्हाई नहीं जाने वाली।

खंडहर बचे हुए हैं

खँडहर बचे हुए हैं, इमारत नहीं रही,
अच्छा हुआ कि सर पे कोई छत नहीं रही।

कैसी मशालें लेके चले तीरगी में आप,
जो रोशनी थी वो भी सलामत नहीं रही।

हमने तमाम उम्र अकेले सफ़र किया,
हम पर किसी ख़ुदा की इनायत नहीं रही।

मेरे चम्नन में कोई नशेमन नहीं रहा,
या यूँ कहो कि बर्क़ की दहशत नहीं रही।

हमको पता नहीं था हमें अब पता चला,
इस मुल्क में हमारी हुकूमत नहीं रही।

कुछ दोस्तों से वैसे मरासिम नहीं रहे,
कुछ दोस्तों से वैस अदावत नहीं रही।

हिम्मत से सच कहो तो बुरा मानते हैं लोग,
रो-रोके बात कहने की आदत नहीं रही।

सीने में ज़िन्दगी के अलामात हैं अभी,
गो जिंदगी की कोई ज़रूरत नहीं रही।

कहीं पे धूप की चादर

कहीं पे धूप की चादर बिछाके बैठ गए,
कहीं पे शाम सिरहाने लगाके बैठ गए।

जले जो रेत में तलुवे तो हमने ये देखा,
बहुत'से लोग वहीं छटपटाके बैठ गए।

खड़े हुए थे अलावों की आँच लेने को,
अब अपनी-अपनी हथेली जलाके बैठ गए।

दुकानदार तो मेले में लुट गए यारो!
तमाशबीन दुकानें लगाके बैठ गए।

लहू-लुहान नज़ारों का ज़िक्र आया तो,
शरीफ़ लोग उठे दूर जाके बैठ गए।

ये सोचकर कि दरख़्तों में छाँव होती है,
यहाँ बबूल के साए में आके बैठ गए।

मत कहो आकाश में

मत कहो, आकाश में कुहरा घना है,
यह किसी की व्यक्तिगत आलोचना है।

सूर्य हमने भी नहीं देखा सुबह से,
क्या करोगे, सूर्य का क्या देखना है।

इस सड़क पर इस क़दर कीचड़ बिछी है,
हर किसी का पाँव घुटनों तक सना है।

पक्ष औ' प्रतिपक्ष संसद में मुखर हैं,
बात इतनी है कि कोई पुल बना है।

रक्त वर्षों से नसों में खौलता है,
आप कहते हैं क्षणिक उत्तेजना है।

कोई नई हर घाट पर पूरी व्यवस्था,
शौक से डूबे जिसे भी डूबना है।

दोस्तो! अव मंच पर सुविधा नहीं है,
आजकल नेपथ्य में संभावना है।

हो गई है पीर पर्वत-सी

हो गई है पीर पर्वत-सी, पिघलनी चाहिए,
इस हिमालय से कोई गंगा निकलनी चाहिए।

आज यह दीवार, परदों की तरह हिलने लगीं,
शर्त लेकिन थी कि ये बुनियाद हिलनी चाहिए।

हर सड़क पर, हर गली में, हर नगर, हर गाँव में,
हाथ लहराते हुए हर लाश चलनी चाहिए।

सिर्फ हंगामा खड़ा करना मेरा मक़सद नहीं,
मेरी कोशिश है कि ये सूरत बदलनी चाहिए।

मेरे सीने में नहीं तो तेरे सीने में सही,
हो कहीं भी आग, लेकिन आग जलनी चाहिए।

ज़िन्दगी का कोई मक़सद

ज़िन्दगानी का कोई मक़सद नहीं है,
एक भी क़द आज आदमक़द नहीं है।

राम जाने किस जगह होंगे क़बूतर,
इस इमारत में कोई गुम्बद नहीं है।

आपसे मिलकर हमें अकसर लगा है,
हुस्न में अब जज़्ब-ए-अमजद नहीं है।

पेड़-पौधे हैं बहुत बौने तुम्हारे,
रास्तों में एक भी बरगद नहीं है।

मैकदे का रास्ता अब भी खुला है,
सिर्फ़ आमदरफ़्त ही ज़ायद नहीं है।

इस चमन को देखकर किसने कहा था,
एक पंछी भी यहाँ शायद नहीं है।

बाढ़ की संभावनाएँ

बाढ़ की संभावनाएँ सामने हैं,
और नदियों के किनारे घर बने हैं।

चीड़-वन में आँधियों की बात मत कर,
इन दरख़्तों के बहुत नाज़ुक तने हैं।

इस तरह टूटे हुए चेहरे नहीं हैं,
जिस तरह टूटे हुए ये आइने हैं।

आपके क़ालीन देखेंगे किसी दिन,
इस समय तो पाँव कीचड़ में सने हैं।

जिस तरह चाहो बजाओ इस सभा में,
हम नहीं हैं आदमी, हम झुनझुने हैं।

अब तड़पती-सी ग़ज़ल कोई सुनाए,
हमसफ़र ऊँघे हुए हैं, अनमने हैं।

रोज़ जब रात को

रोज़ जव रात को बाहर का गजर होता है,
यातनाओं के अँधेरे में सफ़र होता है।

कोई रहने की जगह है मेरे सपनों के लिए,
वो घरौंदा सही, मिट्टी का भी घर होता है।

सिर से सीने में कभी, पेट से पाँवों में कभी,
एक जगह हो तो कहें दर्द इधर होता है।

ऐसा लगता है कि उड़कर भी कहाँ पहुँचेंगे,
हाथ में जब कोई टूटा हुआ पर होता है।

सैर के वास्ते सड़कों पे निकल आते थे,
अब तो आकाश से पथराव का डर होता है।

ये धुएँ का एक घेरा

ये धुएँ का एक घेरा कि मैं जिसमें रह रहा हूँ
मुझे किस क़दर नया है, मैं जो दर्द सह रहा हूँ।

ये ज़मीन तप रही थी, ये मकान तप रहे थे,
तेरा इंतज़ार था जो मैं इसी जगह रहा हूँ।

मैं ठिठक गया था लेकिन तेरे साथ-साथ था मैं,
तू अगर नदी हुई तो मैं तेरी सतह रहा हूँ।

तेरे सर पे धूप आई तो दरख़्त बन गया मैं,
तेरी ज़िन्दगी में अक्सर मैं कोई वजह रहा हूँ।

कभी दिल में आरजू-सा, कभी मुँह में बद्दुआ-सा,
मुझे जिस तरह भी चाहा, मैं उसी तरह रहा हूँ।

मेरे दिल पे हाथ रक्खो, मेरी बेबसी को समझो,
मैं इधर से बन रहा हूँ, मैं इधर से ढह रहा हूँ।

यहाँ कौन देखता है, यहाँ कौन सोचता है,
कि ये बात क्या हुई है जो मैं शेर कह रहा हूँ।

लफ़्ज़ एहसास-से

लफ़्ज एहसास-से छाने लगे, ये तो हद है
लफ़्ज़ माने भी छुपाने लगे, ये तो हद है।

आप दीवार गिराने के लिए आए थे,
आप दीवार उठाने लगे ये तो हद है।

ख़ामुशी शोर से सुनते थे कि घबराती है,
ख़ामुखी शोर मचाने लगे, ये तो हद है।

आदमी होंठ चबाए तो समझ आता है,
आदमी छाल चबाने लगे, ये तो हद है।

जिस्म पहरावों में छुप जाते थे, पहरावों में—
जिस्म नंगे नज़र आने लगे, ये तो हद है।

लोग तहज़ीबी-तमद्दुन के सलीक़े सीखे,
लोग रोते हुए गाने लगे, ये तो हद है।

एक गुड़िया की कई

एक गुड़िया की कई कठपुतलियों में जान है,
आज शायर, ये तमाशा देखकर हैरान है।

ख़ास सड़कें बंद हैं तब से मरम्मत के लिए,
ये हमारे वक़्त की सबसे सही पहचान है।

एक बूढ़ा आदमी है मुल्क में या यों कहो—
इस अँधेरी कोठरी में एक रोशनदान है।

मस्लहत आमेज़ होते हैं सियासत के क़दम,
तू न समझेगा सियासत तू अभी इंसान है।

इस क़दर पाबन्दी-ए-मज़हब कि सदक़े आपके
जब से आज़ादी मिली है मुल्क में रमज़ान है।

कल नुमाइश में मिला वो चीथड़े पहने हुए,
मैंने पूछा नाम तो बोला कि हिन्दुस्तान है।

मुझमें रहते हैं करोड़ों लोग चुप कैसे रहूँ,
हर ग़ज़ल अब सल्तनत के नाम एक बयान है।

मैं जिसे ओढ़ता बिछाता हूँ

मैं जिसे ओढ़ता बिछाता हूँ,
वो ग़ज़ल आपको सुनाता हूँ।

एक जंगल है तेरी आँखों में,
मैं जहाँ राह भूल जाता हूँ।

तू किसी रेल-सी गुज़रती है,
मैं किसी पुल-सा थरथराता हूँ।

हर तरफ़ एतराज़ होता है,
मैं अगर रोशनी में आता हूँ।

एक बाजू उखड़ गया जब से,
और ज़्यादा वज़न उठाता हूँ।

मैं तुझे भूलने की कोशिश में,
आज कितने क़रीब पाता हूँ।

कौन ये फ़ासला निभाएगा,
मैं फ़रिश्ता हूँ सच बताता हूँ।

होने लगी है जिस्म में

होने लगी है जिस्म में जुंबिश तो देखिए,
इस परकटे परिन्दे की कोशिश तो देखिए।

गूँगे निकल पड़े हैं, ज़ुबाँ की तलाश में,
सरकार के ख़िलाफ़ ये साजिश तो देखिए।

बरसात आ गई तो दरकने लगी ज़मीन
सूखा मचा रही है ये बारिश तो देखिए

उनकी अपील है कि उन्हें हम मदद करें,
चाकू की पसलियों से गुज़ारिश तो देखिए।

जिसने नज़र उठाई वही शख़्स गुम हुआ,
इस जिस्म के तिलिस्म की बंदिश तो देखिए।

अब किसी को भी नज़र आती नहीं

अब किसी को भी नज़र आती नहीं कोई दरार,
घर की हर दीवार पर चिपके हैं इतने इश्तहार।

आप बचकर चल सकें ऐसी कोई सूरत नहीं,
रहगुज़र घेरे हुए मुरदे खड़े हैं बेशुमार।

रोज़ अख़बारों में पढ़कर ये ख़याल आया हमें,
इस तरफ़ आती तो हम भी देखते फ़स्ले-बहार।

मैं बहुत कुछ सोचता रहता हूँ पर कहता नहीं,
बोलना भी है मना, सच बोलना तो दरकिनार।

इस सिरे से उस सिरे तक सब शरीके जुर्म हैं,
आदमी या तो ज़मानत पर रिहा है या फ़रार।

हालते इंसान पर बरहम न हों अहले वतन,
वो कहीं से ज़िंदगी भी माँग लाएँगे उधार।

रौनक़े जन्नत ज़रा भी मुझको रास आई नहीं,
मैं जहन्नुम में बहुत खुश था मेरे परवरदिगार।

दस्तकों का अब किवाड़ों पर असर होगा ज़रूर,
हर हथेली ख़ून से तर और ज़्यादा बेक़रार।

तुम्हारे पाँवों के नीचे

तुम्हारे पाँवों के नीचे कोई ज़मीन नहीं,
कमाल ये है कि फिर भी तुम्हें यक़ीन नहीं।

मैं बेपनाह अँधेरों को सुब्ह कैसे कहूँ,
मैं इन नज़ारों का अंधा तमाशबीन नहीं है।

तेरी ज़ुबान है झूठी जम्हूरियत की तरह,
तू एक ज़लील-सी गाली से बेहतरीन नहीं।

तुम्हीं से प्यार जताएँ तुम्हीं को खा जाएँ,
अदीब यों तो सियासी हैं पर कमीन नहीं।

तुझे क़सम है ख़ुदी को बहुत हलाक न कर,
तू इस मशीन का पुर्ज़ा है, तू मशीन नहीं।

बहुत मशहूर है आएँ ज़रूर आप यहाँ,
ये मुल्क देखने लायक़ तो है, हसीन नहीं।

ज़रा-सा तौर-तरीक़ों में हेर-फेर करो,
तुम्हारे हाथ में कालर हो आस्तीन नहीं।

वो आदमी नहीं है

वो आदमी नहीं है मुकम्मल बयान है,
मथे पे उसके चोट का गहरा निशान है।

वे कर रहे हैं इश्क पे संजीदा गुफ़्तगू,
मैं क्या बताऊँ मेरा कहीं और ध्यान है।

सामान कुछ नहीं है फटेहाल है मगर,
झोले में उसके पास कोई संविधान है।

उस सिरफिरे को यों नहीं बहला सकेंगे आप,
वो आदमी नया है मगर सावधान है।

फिसले जो इस जगह तो लुढ़कते चले गए,
हमको पता नहीं था कि इतना ढलान है।

देखे हैं हमने दौर कई अब ख़बर नहीं,
पाँवों तले ज़मीन है या आसमान है।

वो आदमी मिला था मुझे उसकी बात से,
ऐसा लगा कि वो भी बहुत बेज़ुबान है।

बहुत सँभाल के रक्खी

बहुत सँभाल के रक्खी तौ पाएमाल हुई,
सड़क पे फेंक दी तो ज़िन्दगी निहाल हुई।

बड़ा लगाव है इस मोड़ से निगाहों को,
कि सबसे पहले यहीं रोशनी हलाल हुई।

कोई निजात की सूरत नहीं रही, न सही,
मगर निजात की कोशिश तो एक मिसाल हुई।

मेरे जेहन पे ज़माने का वो दबाव पड़ा,
जो एक स्लेट थी वो ज़िन्दगी, सवाल हुई।

समुद्र और उठा, और उठा, और उठा,
किसी के वास्ते ये चाँदनी बबाल हुई।

उन्हें पता भी नहीं है कि उनके पाँवों से,
वो ख़ूँ बहा है कि ये गर्द भी गुलाल हुई।

मेरी ज़ुबान से निकली तो सिर्फ़ नज़्म बनी,
तुम्हारे हाथ में आई तो एक मशाल हुई।

कविताएँ

गीत का जन्म

एक अन्धकार बरसाती रात में
बर्फ़ीले दर्रों-सी ठण्डी स्थितियों में
अनायास दूध की मासूम झलक-सा
हँसता, किलकारियाँ भरता
एक गीत जन्मा
और
देह में ऊष्मा
स्थिति सन्दर्भों में रोशनी बिखेरता
सूने आकाशों में गूँज उठा :
—बच्चे की तरह मेरी उँगली पकड़कर
मुझे सूरज के सामने ला खड़ा किया।

यह गीत
जो आज चहचहाता है,
अन्तर्वासी अहम् से भी स्वागत पाता है,
नदी के किनारे या लावारिस सड़कों पर
निःस्वन मैदानों में
या कि बन्द कमरों में
जहाँ कहीं जाता है
मरे हुए सपने सजाता है—
—बहुत दिनों तड़पा था अपने जनम के लिए।

एक आशीर्वाद

जा,
तेरे स्वप्न बड़े हों
भावना की गोद से उतरकर
जल्द पृथ्वी पर चलना सीखें
चाँद-तारों-सी अप्राप्य सच्चाइयों के लिए
रूठना-मचलना सीखें
हँसें
मुसकराएँ
गाएँ
हर दिये की रोशनी देखकर ललचाएँ
उँगली जलाएँ
अपने पाँवों पर खड़े हों
जा,
तेरे स्वप्न बड़े हों।

भविष्य की वन्दना

सम्पुट प्रकाश-पुंज हो तुम
मैं हूँ हिमाच्छन्न पर्वत
किरण-कोष धारे हो तुम
मैं हूँ विस्तीर्ण गर्व-उन्नत
मुझे गलानेवाली किरणें कब फेंकोगे?
धरती पर बहने का मार्ग कब दोगे?
कब करोगे मुक्त
छाती पर बसे भार से?
हे संयमित व्यक्तित्व से नम्र, श्रुत भविष्त!

वायु के सहारों पर टिका हुआ
कोहरा आधार है हमारा
कल्पना पर जीते हैं
गैस के गुब्बारों-से सपने
बच्चों-सी लालची हमारी आत्माओं को
निकट बुलाते हैं
    ...खरीदें,
पर हम रीते हैं,
हम पर भी दम्भ है महत्वाकांक्षाओं का
(जो कि ज़िन्दगी की चौहद्दी में
वेष बदल, रावण-सी घुस आईं)

...राह खोजेंगे

ये कराहें बन्द कर दो
बालकों को चुप कराओ
सब अँधेरे में सिमट आओ यहाँ नतशीश
हम यहाँ से राह खोजेंगे।

हम पराजित हैं मगर लज्जित नहीं हैं
हमें ख़ुद पर नहीं
उन पर हँसी आती है
हम निहत्थों को जिन्होंने हराया
अँधेरे व्यक्तित्व को अन्धी गुफ़ाओं में
रोशनी का आसरा देकर
बड़ी आयोजना के साथ पहुँचाया
और अपने ही घरों में क़ैद करके कहा :
''लो तुम्हें आज़ाद करते हैं।''

आह!
वातावरण में बेहद घुटन है
सब अँधेरे में सिमट आओ
और सट जाओ
और जितने आ सको उतने निकट आओ
हम यहाँ से राह खोजेंगे।

दूसरा सन्दर्भ

वह बालुका तट है
जिस पर रुई-चाँदनी फैल रही है
वही अखण्डित मौन
किन्तु कुछ सूना-सूना
जैसे आकर कोई अजदह सूँघ गया है;

वही दशाएँ...
शान्त खड़ी हैं नावें अब भी
लहरें आकर टकराती हैं
पर टक्कर को चुप सह लेना
अनुभव को यह दर्द नया है।

× × ×

थके हुए अनजबी यात्रियों—आओ!
उभरें चिह्न बालुका-तट पर—गाओ!
मौन तोड़ दो नावों पर चढ़ जाओ
—हाँक लगाओ!
हम भी तुमको लहरों से टकराते देखेंगे
चाहे हम कितने तटस्थ द्रष्टा हों लेकिन
यह ठहराव हमें दुख देता है।

आज

अक्षरों के इस निविड़ वन में भटकती
ये हजारों लेखनी इतिहास का पथ खोजती हैं
...क्रान्ति! ...कितना हँसो चाहे
किन्तु ये जन सभी पागल नहीं।

रास्तों पर खड़े हैं पीड़ा भरी अनुगूँज सुनते
शीश धुनते विफलता की चीख़ पर जो कान
स्वर-लय खोजते हैं
ये सभी आदेश-बाधित नहीं।

इस विफल वातावरण में
जो कि लगता है कहीं पर कुछ महक-सी है
भावना हो...सवेरा हो...
या प्रतीक्षित पक्षियों के गान—
किन्तु कुछ है;
गन्ध-वासित वेणियों का इन्तजार नहीं।

यह प्रतीक्षा : यह विफलता : यह परिस्थिति :
हो न इसका कहीं भी उल्लेख चाहे
खाद-सी इतिहास में बस काम आए
पर समय को अर्थ देती जा रही है।

दृष्टान्त

वह चक्रव्यूह भी बिखर गया
जिसमें घिरकर अभिमन्यु समझता था ख़ुद को।

आक्रामक सारे चले गए
आक्रमण कहीं से नहीं हुआ
बस मैं ही दुर्निवार तम की चादर-जैसा
अपने निष्क्रिय जीवन के ऊपर फैला हूँ।
बस मैं ही एकाकी इस युद्ध-स्थल के बीच खड़ा हूँ।

यह अभिमन्यु न बन पाने का क्लेश!
यह उससे भी कहीं अधिक क्षत-विक्षत सब परिवेश!!
उस युद्ध-स्थल से भी ज़्यादा भयप्रद...रौरव
मेरा हृदय-प्रदेश!!!
इतिहासों में नहीं लिखा जाएगा।

ओ इस तम में छिपी हुई कौरव सेनाओ!
आओ! हर धोखे से मुझे लील लो,
मेरे जीवन को दृष्टान्त बनाओ;
नए महाभारत का व्यूह वरूँ मैं।
कुण्ठित शस्त्र भले हों हाथों में
लेकिन लड़ता हुआ मरूँ मैं।

आग जलती रहे

एक तीखी आँच ने
इस जन्म का हर पल छुआ,
आता हुआ दिन छुआ
हाथों से गुज़रता कल छुआ
हर बीज, अँकुआ, पेड़-पौधा,
फूल-पत्ती, फल छुआ
जो मुझे छूने चली
हर उस हवा का आँचल छुआ!
...प्रहर कोई भी नहीं बीता अछूता
आग के सम्पर्क से
दिवस, मासों और वर्षों के कड़ाहों में
मैं उबलता रहा पानी-सा
परे हर तर्क से।
एक चौथाई उमर
यों खौलते बीती बिना अवकाश
सुख कहाँ
यों भाप बन-बनकर चुका,
रीता,
भटकता—
छानता आकाश!
आह! कैसा कठिन
...कैसा पोच मेरा भाग!

आग, चा़रों ओर मेरे
आग केवल भाग!
सुख नहीं यों खौलने में सुख नहीं कोई,
पर अभी जागी नहीं वह चेतना सोई—;
वह, समय की प्रतीक्षा में है, जगेगी आप
ज्यों कि लहराती हुई ढकनें उठाती भाप!

अभी तो यह आग जलती रहे, जलती रहे,
ज़िन्दगी यों ही कड़ाहों में उबलती रहे।

सूखे फूल : उदास चिराग़

आज लौटते घर दफ्तर से पथ में कब्रिस्तान दिखा
फूल जहाँ सूखे बिखरे थे औ' चिराग़ टूटे-फूटे
यों ही उत्सुकता से मैंने थोड़े फूल बटोर लिये
कौतूहल वश एक चिराग़ उठाया औ' संग ले आया

थोड़ा-सा जी दुखा, कि देखो, कितने प्यारे थे ये फूल
कितनी भीनी, कितनी प्यारी होती इनकी गन्ध कभी,
सोचा, ये चिराग़ जिसने भी यहाँ जलाकर रखे थे
उनके मन में होगी कितनी गहरी पीड़ा स्नेह-पगी

तभी आ गई गन्ध न जाने कैसे सूखे फूलों से
घर के बच्चे 'फूल-फूल' चिल्लाते आए मुझ तक भाग,
मैं क्या कहता आख़िर उस हक़ लेनेवाली पीढ़ी से
देने पड़े विवश होकर वे सूखे फूल, उदास चिराग़

कौन-सा पथ...

तुम्हारे आभार की लिपि में प्रकाशित
हर डगर के प्रश्न हैं मेरे लिए पठनीय
कौन-सा पथ कठिन है...?
मुझको बताओ
मैं चलूँगा।

कौन-सा सुनसान तुमको कोंचता है
कहो, बढ़कर उसे पी लूँ
या अधर पर शंख-सा रख फूँक दूँ
तुम्हारे विश्वास का जय-घोष
मेरे साहसिक स्वर में मुखर है।

तुम्हारा चुम्बन
अभी भी जल रहा है भाल पर
दीपक सरीखा
मुझे बतलाओ
कौन-सी दिशि में अँधेरा अधिक गहरा है!

आवाज़ों के घेरे

आवाज़ें...
स्थूल रूप धरकर जो
गलियों, सड़कों में मँडलाती हैं,
क़ीमती कपड़ों के जिस्मों से टकराती हैं,
मोटरों के आगे बिछ जाती हैं,
दूकानों को देखती ललचाती हैं,
प्रश्न चिह्न बनकर अनायास आगे आ जाती हैं—
आवाज़ें!

मित्रो!
मेरे व्यक्तित्व
और मुझ-जैसे अनगिन व्यक्तियों का क्या मतलब?
मैं जो जीता हूँ
गाता हूँ
मेरे जीने, गाने
कवि कहलाने का क्या मतलब?
जब मैं आवाज़ों के घेरे में
पापों की छायाओं के बीच
आत्मा पर बोझा-सा लादे हूँ;

अपनी प्रेमिका से

मुझे स्वीकार हैं वे हवाएँ भी
जो तुम्हें शीत देतीं
और मुझे जलाती हैं
        किन्तु
        इन हवाओं को यह पता नहीं है
        मुझमें ज्वालामुखी है
        तुममें शीत का हिमालय है
        फूटा हूँ अनेक बार मैं,
        पर तुम कभी नहीं पिघली हो,
        अनेक अवसरों पर मेरी आकृतियाँ बदलीं
        पर तुम्हारे माथे की शिकनें वैसी ही रहीं
        तनी हुई।
तुम्हें ज़रूरत है उस हवा की
जो गर्म हो
और मुझे उसकी जो ठण्डी!

फिर भी मुझे स्वीकार है यह परिस्थिति
जो दुखाती है
फिर भी स्वागत है हर उस सीढ़ी का
जो मुझे नीचे, तुम्हें ऊपर ले जाती है
काश! इन हवाओं को यह सब पता होता!

तुम जो चारों ओर
बर्फ़ की ऊँचाइयाँ खड़ी किए बैठी हो
(लीन... समाधिस्थ)
भ्रम में हो।
अहम् है मुझमें भी
चारों ओर मैं भी दीवारें उठा सकता हूँ
लेकिन क्यों?
मुझे मालूम है
दीवारों को
मेरी आँच जा छुएगी कभी
और बर्फ़ पिघलेगी
पिघलेगी!

मैंने देखा है
(तुमने भी अनुभव किया होगा)
मैंदानों में बहते हुए उन शान्त निझरों को
जो कभी बर्फ़ के बड़े-बड़े पर्वत थे
लेकिन जिन्हें सूरज की गर्मी समतल पर ले आई।

देखो ना!
मुझमें ही डूबा था सूर्य कभी,
सूर्योदय मुझमें ही होना है,
मेरी किरणों से भी बर्फ़ को पिघलना हैं,
इसी लिए कहता हूँ—
अकुलाती छाती से सट जाओ,
क्योंकि हमें मिलना है।

अबोध शाप

तुम अबोध थीं
जो अनार के दानों-सी खिलखिलकर हँस दीं
मैं बालक था
उसे सहज निष्काम भाव से ग्रहण कर लिया,
तुमने कभी न जाना
सहसा मुझमें कितनी उतर गईं तुम,
मैंने कभी न जाना—
कोइ सुन्दर-सा अभिशाप वर लिया।

तब से अब तक
अन्तर्मन में दंश लिये पल-पल बीते हैं
गहरे से गहरा अभाव भी
हमने साझे में निपटाया,
कैसा अन्तर्ग्रथित भाग्य है प्राण परस्पर हम दोनों का

तुम वह हँसी नहीं हँस पाईं
मैं वह भाव नहीं तज पाया।

शीत-प्रतिक्रिया

बाहर कितना शीत
हवा का दुसह बहाव
भीतर कितनी कठिन उमस है
औ' ठहराव!
तेज़ हवा को रोक
कि ये ठहराव फाड़ दे
शीत घटा
या मन के अँगारे उघाड़ दे;

दो खंडों में बाँट न
यह व्यक्तित्व अधूरा
ईश्वर मेरे,
मुझे कहीं होने दे पूरा।

क़ैद परिन्दे का बयान

तुमको अचरज है—मैं जीवित हूँ!
उनको अचरज है—मैं जीवित हूँ!
मुझको अचरज है—मैं जीवित हूँ!

लेकिन मैं इसीलिए जीवित नहीं हूँ—
मुझे मृत्यु से दुराव था,
यह जीवन जीने का चाव था,
या कुछ मधु-स्मृतियाँ जीवन-मरण के हिंडोले पर
सन्तुलन साधे रहीं,
मिथ्या की कच्ची-सूती डोरियाँ
साँसों को जीवन से बाँधे रहीं;
नहीं—
नहीं!
ऐसा नहीं!!

बल्कि मैं ज़िन्दा हूँ
क्योंकि मैं पिंजड़े में क़ैद वह परिन्दा हूँ
जो कभी स्वतंत्र रहा है
जिसको सत्य के अतिरिक्त, और कुछ दिखा नहीं,
तोते की तरह जिसने
तनिक खिड़की खुलते ही
आँखें बचा कर, भाग जाना सीखा नहीं;

अब मैं जियूँगा
और यों ही जियूँगा,
मुझमें प्रेरणा नयी या बल आए न आए,
शूलों की शय्या पर पड़ा पड़ा कसकूँ
एक पल को भी कल आए न आए,
नयी सूचना का मौर बाँधे हुए
चेतना ये, होकर सफल आए न आए,
पर मैं जियूँगा नयी फ़सल के लिए
कभी ये नयी फ़सल आए न आए :

हाँ! जिस दिन पिंजड़े की
सलाखें मोड़ लूँगा मैं,
उस दिन सहर्ष
जीर्ण देह छोड़ दूँगा मैं!

धर्म

तेज़ी से एक दर्द
मन में जागा
मैंने पी लिया,
छोटी सी एक खुशी
अधरों में आई
मैंने उसको फैला दिया,
मुझको सन्तोष हुआ
और लगा–
हर छोटे को
बड़ा करना धर्म है।

ओ मेरी ज़िन्दगी

मैं जो अनवरत
तुम्हारा हाथ पकड़े
स्त्री-परायण पति सा
इस वन की पगडण्डियों पर
भूलता-भटकता आगे बढ़ता जा रहा हूँ,
सो इसलिए नहीं
कि मुझे दैवी चमत्कारों पर विश्वास है,
या तुम्हारे बिना मैं अपूर्ण हूँ,
बल्कि इसलिए कि मैं पुरुष हूँ,
और तुम चाहे परम्परा से बँधी मेरी पत्नी न हो,
पर एक ऐसी शर्त ज़रूर है,
जो मुझे संस्कारों से प्राप्त हुई,
कि मैं तुम्हें छोड़ नहीं सकता।

पहले
जब पहला सपना टूटा था,
तब मेरे हाथ की पकड़
तुम्हें ढीली महसूस हुई होगी।
सच,
वही तुम्हारे बिलगाव का मुकाम हो सकता था।
पर उसके बाद तो
कुछ टूटने की इतनी आवाज़ें हुईं

कि आज तक उन्हें ही सुनता रहा हूँ।
आवाज़ें और कुछ नहीं सुनने देतीं!
तुम जो हर घड़ी की साथिन हो,
तुमसे झूठ क्या बोलूँ?
खुद तुम्हारा स्पन्दन अनुभव किए था
मुझे अरसा गुज़र गया!
लेकिन तुम्हारे हाथों को हाथों में लिये
मैं उस समय तक चलूँगा
जब तक उँगलियाँ गलकर न गिन जाएँ।
तुम फिर भी अपनी हो,
वह फिर भी ग़ैर थी जो छूट गई;
और उसके सामने कभी मैं
यह प्रगट न होने दूँगा
कि मेरी उँगलियाँ दग़ाबाज़ हैं,
या मेरी पकड़ कमज़ोर है,
मैं चाहे कलम पकड़ूँ या कलाई।

मगर ओ मेरी ज़िन्दगी!
मुझे यह तो बता
तू मुझे क्यों निभा रही है?
मेरे साथ चलते हुए
क्या तुझे कभी ये अहसास होता है
कि तू अकेली नहीं?

मैं और मेरा दुःख

दुःख : किसी चिड़िया के अभी जन्मे बच्चे सा;
किन्तु सुख : तमंचे की गोली जैसा
मुझको लगा है।

आप ही बताएँ
कभी आपने चलती हुई गोली को चलते,
या अभी जन्मे बच्चे को उड़ते हुए देखा है?

वासना का ज्वार

क्या भरोसा
लहर कब आए?
किनारे डूब जाएँ?
तोड़कर सारे नियन्त्रण
इस अगम गतिशील जल की धार–
कब डुबो दे क्षीण जर्जर यान?
(मैं जिसे संयम बताता हूँ)

आह! ये क्षण!
ये चढ़े तूफ़ान के क्षण!
क्षुद्र इस व्यक्तित्व को मथ डालने वाले
नए निर्माण के क्षण!
यही तो हैं–
मैं कि जिनमें
लुटा, खोया, खड़ा खाली हाथ रह जाता,
तुम्हारी ओर अपलक ताकता सा!

यह तुम्हारी सहज स्वाभाविक सरल मुस्कान!
क़ैद इसमें बिलबिलाते अनगिनत तूफ़ान
इसे रोको प्राण!...
अपना यान मुझको बहुत प्यारा है!
पर सदा तूफ़ान के सामने हारा है!

एक पत्र का अंश

मुझे लिखना
वह नदी जो बही थी इस ओर!
छिन्न करती चेतना की राख के स्तूप,
क्या अब भी वहीं है?
बह रही है?
—या गई है सूख वह
पाकर समय की धूप?

प्राण! कौतूहल बड़ा है,
मुझे लिखना,
श्वाँस देकर खाद
परती कड़ी धरती चीर
वृक्ष जो हमने उगाया था नदी के तीर
क्या अब भी खड़ा है?
—या बहाकर ले गई उसको नदी की धार
अपने साथ, परली पार?

इनसे मिलिए
(नख-शिख वर्णन)

पाँवों से सिर तक जैसे एक जनून
बेतरतीबी से बढ़े हुए नाखून
कुछ टेढ़े-मेढ़े बैंगे दाग़िल पांव
जैसे कोई एटम से उजड़ा गाँव
टखने ज्यों मिले हुए रक्खे हों बाँस
पिण्डलियाँ कि जैसे हिलती-डुलती काँस
कुछ ऐसे लगते हैं घुटनों के जोड़
जैसे ऊबड़-खाबड़ राहों के मोड़
गट्टों-सी जंघाएँ निष्प्राण मलीन
कटि, रीतिकाल की सुधियों से भी क्षीण
छाती के नाम महज़ हड्डी दस-बीस
जिस पर गिन चुन कर बाल खड़े इक्कीस
पुट्ठे हों जैसे सूख गए अमरूद
चुकता करते करते जीवन का सूद
बाँहें ढीली ढीली ज्यों टूटी डाल
अँगुलियाँ जैसे सूखी हुई पुआल
छोटी सी गरदन रंग बेहद बदरंग
हरवक़्त पसीने का बदबू का संग
पिचकी अमियों से गाल लटे से कान
आँखें जैसे तरकश के खुट्टल बना
माथे पर चिन्ताओं का एक समूह

भौंहों पर बैठी हरदम यम की रूह
तिनकों से उड़ते रहने वाले बाल
विद्युत परिचालित मखनातीसी चाल
बैठे तो फिर घण्टों जाते हैं बीत
सोचते प्यार की रीत भविष्य अतीत

कितने अजीब हैं इनके भी व्यापार
इनसे मिलिए ये हैं दुष्यन्त कुमार।

देश-प्रेम

कोई नहीं देता साथ,
सभी लोग युद्ध और देश-प्रेम की बातें करते हैं।
बड़े-बड़े नारे लगाते हैं।
मुझसे बोला भी नहीं जाता।
जब लोग घंटों राष्ट्र के नाम पर आँसू बहाते हैं
मेरी आँख में एक बूँद पानी नहीं आता।

अक्सर ऐसा होता कि मातृभूमि पर मरने के लिए
भाषणों से भरी सभाओं
और प्रदर्शन की भारी भीड़ों में
लगता है कि मैं ही हूँ एक मूर्ख...
कायर-गद्दार!!
मुझे ही सुनाई नहीं पड़ता है
देश-प्रेम,
जो संकट आते ही
समाचार-पत्रों में डोंडी पिटवाकर
कहलाया जाता है—
बार-बार।

ईश्वर को सूली
(वस्तर गोलीकांड पर एक प्रतिक्रिया)

मैंने चाहा था
कि चुप रहूँ,
देखता जाऊ
जो कुछ मेरे इर्द-गिर्द हो रहा है।
मेरी देह में कस रहा है जो साँप
उसे सहलाते हुए,
झेल लूँ थोड़ा-सा संकट
जो सिर्फ़ कडुवाहट बो रहा है।
कल तक गोलियों की आवाज़ें कानों में बस जाएँगी,
अच्छी लगने लगेंगी,
सूख जाएगा सड़कों पर जमा हुआ खून!
वर्षा के बाद कम हो जाएगा
लोगों का जुनून!
धीरे-धीरे सब ठीक हो जाएगा।

लेकिन मैंने देखा—
धीरे-धीरे सब ग़लत होता जाता है।
इच्छा हुई मैं न बोलूँ
मेरा उस राजा से या उसकी अंध भक्त प्रजा से
क्या नाता है?

लेकिन सहसा एक व्याख्यातीत अँधेरा
ढँक लेता है मेरा जीवित चेहरा,

और भीतर से कुछ वाहर आने के लिए छटपटाता है।
एक उप महाद्वीपीय संवेदना
सैलाव-सी उमड़ती है—अंदर ही अंदर
कहीं से उस लाश पर
अविश्वास-सी प्रखर,
सीधी रोशनी पड़ती है—
क्षत-विक्षत लाश के पास,
वैठे हैं असंख्य मुर्दे उदास।
और गोलियों के ज़ख्म देह पर नहीं हैं।
रक्तस्राव अस्थिमज्जा से नहीं हो रहा है।
एक काग़ज़ का नक्शा है—
ख़ून छोड़ता हुआ।
एक पागल निरंकुश श्वान
बौखलाया-सा फिरता है उसके पास
शव चिचोड़ता हुआ
ईश्वर उस 'आदिवासी-ईश्वर' पर रहम करे!
सत्ता के लंबे नाखूनों ने जिसका जिस्म नोच लिया!
घुटनों पर झुका हुआ भक्त
अब क्या
इस निरंकुशता को माथा टेकेगा
जिसने—
भक्तों के साथ प्रभु को सूली पर चढ़ा दिया,
समाचार-पत्रों की भाषा बदल दी,
न्याय को राजनीति की शकल दी,
और हर विरोधी के हाथों में
एक-एक खाली बंदूक पकड़ा दी—
कि वह—
लगातार घोड़ा दबाता रहे,
जनता की नहीं, सिर्फ़ राजा की,
मुर्दे पैग़म्बर की मौत पर सभाएँ बुलाता रहे

'दिवस' मनाता हुआ,
सार्वजनिक आँसू बहाता हुआ,
नींद को जगाता हुआ,
अर्द्ध-सत्य थामे चिल्लाता रहे।

इतिहास
विद्यमान काल की परिधि में
दीवारों से टिके हुए
इन मुर्दा लोगों की पीढ़ी को माफ़ करे।
(सहनशील जनता न्याय-संगत नहीं होती)
इतिहास न्याय करे–
मुझ जैसे चंद बदज़बान और बेशऊर लोगों के साथ,
जो खुद आगे बढ़ आए
अपनी कमज़ोर और सीमित भुजाओं में भर लेने के लिए
कि एक बाँध अपने कगारों पर टूट रहा है;

मैंने सोचा था–जब किसी को दिखाई नहीं देता
मैं भी बंद कर लूँ अपनी आँखें
न सोचूँ
एक ज्वालामुखी फूट रहा है
घुल जाने दूँ लावे में
तड़प-तड़पकर एक शिशु-
प्रजातंत्र का भविष्य
जो मेरे भीतर मिठी नींद सो रहा है।
मुझे क्या पड़ी है
जो मैं देखूँ या बोलूँ या कहूँ कि मेरे आसपास
नरहत्याओं का एक महायज्ञ हो रहा है।

मैंने चाहा था और मैं अब भी चाहता हूँ
कि मैं चुप रहूँ, न बोलूँ।
एक मोटा-सा परदा पड़ा है
उसे रहने दूँ, खिड़की न खोलूँ।

तुलना

गड़रिये कितने सुखी हैं

न वे ऊँचे दावे करते हैं
न उनको लेकर
एक दूसरे को कोसते या लड़ते-मरते हैं।
जबकि
जनता की सेवा करने के भूखे
सारे दल भेड़ियों से टूटते हैं।
ऐसी-ऐसी बातें
और ऐसे-ऐसे शब्द सामने रखते हैं
जैसे कुछ नहीं हुआ है
और सब कुछ हो जाएगा।

जबकि
सारे दल
पानी की तरह धन वहाते हैं,
गड़िरिये मेड़ों पर वैठे मुस्कराते हैं।
...भेडों पर बाड़े में करने के लिए
न सभाएँ आयोजित करते हैं
    न रैलियाँ,
न कंठ खरीदते हैं, न हथेलियाँ
न शीत और ताप से झुलसे हुए चेहरों पर

आश्वासनों का सूर्य उगाते हैं,
स्वेच्छा से
जिधर चाहते हैं, उधर
भेड़ों को हाँके लिए जाते हैं।

गड़रिये कितने सुखी हैं!

मंत्री की मैना

आज तू उन्मन है।
बोल मेरी मेना, तुझे क्या दुख है?
आज सुबह तड़के क्यों नहीं उठी
क्यों नहीं पुकारा—"मिस्टर साँगी।"
क्यों नहीं बुलाया चपरासी को
बैरे से चाय नहीं माँगी?
आज तू उन्मन है।
बोल मेरी मैना, तुझे क्या दुख है?

तुझसे बातें करने और सुनने को
उत्सुक हैं, घर के सब बच्चे अकुलाते हैं,
तेरी सभाओं में
अंड़े, टमाटर या जूते नहीं फेंके जाते हैं।
फिर तू क्यों गुमसुम है?
बोल मेरी मैना तुझे क्या दुख है?

सघन जंगलों के परकोटों में
अरक्षित अँधेरों के बीच तूने गाया,
लेकिन ख़ामोश हो गई सहसा
जब से
एक बेहतर भविष्य नज़र आया,
कोई आशंका है?

बोल मेरी मैना, तुझे क्या दुख है?

क्या हो गया है इधर
बार-बार सिर को खुजलाती है
पंखों को नोचती है,
भारत सरकार की मिनिस्टर नहीं है तू
कौन-सी समस्या पर सोचती है
बोल मेरी मैना, तुझे क्या दुख है?

रस के लिए दुनिया तरसती है,
तू भी गा, राग-वंश फलने दे।
भारत यदि भूखा है, होने दे
वियतनाम जलता है, जलने दे,
व्यर्थ तू झुलसती है
बोल मेरी मैना, तुझे क्या दुख है?

खिड़की खुली है, पर उड़ती नहीं,
बंद पिंजड़े में कसमसाती है,
उड़ने की कला तुझे भूली, या
चलने की अदा नहीं आती है?
क्यों इतनी विह्वल है?
बोल मेरी मैना, तुझे क्या दुख है?

मुझसे बतला, तेरी राहों में, बाधक
हर विघ्न को कुचल दूँगा,
यदि मेरे दल से उकतायी हो
सत्ता के साथ दल बदल दूँगा,
थोड़ा-सा धीरज रख,
बोल मेरी मैना, तुझे क्या दुख है?

धुएँ की इमारत है—स्वप्न कीर्ति

टूटी हो अगर टूट जाने दे,
और मूर्ति गढ़ लेंगे, एक मूर्ति फूटी है अगर
फूट जाने दे,
मैं तो निर्माण हूँ, नियामक हूँ,
बोल मेरी मैना, तुझे क्या दुख है?

लोग-बाग घेरे रहें
या तुझको छोड़ दे अकेला
तुझ पर कौन फ़र्क़ पड़ता है
जीवन राजनीति का करिश्मा नहीं है
जो कि बहुमत से बनता-बिगड़ता है।
तू मेरी आत्मा है।
बोल मेरी मैना, तुझे क्या दुख है?

क्या नहीं दिया तुझको लोगों ने,
आवारा जीवन को कीर्तिमय बना दिया,
तेरी विनश्वर मृत्का के अहम-शिशु को
पाल-पोसकर सबने हिमालय बना दिया।
फिर भी तू उन्मन है।
बोल मेरी मैना, तुझे क्या दुख है?

टामी और पप्पी उदास हैं
अभागी मौन तोड़ दे,
सोने का पिंजड़ा बनवा देगी जनता अपना पागलपन छोड़
दे,
तेरी अभिनंद भी होगा, अब
बोल मेरी मैना, तुझे क्या दुख है?

सवाल

मुझे पता नहीं यहाँ किस ऋतु में
कौन-सा फूल खिलता है?
वसंत कब आता है?
बारह महीने लहलहाते हुए दोनों के क्या नाम हैं?
वे फसलें जो तिगुनी उपज देने लगी हैं—
कहाँ हैं?
वे खेत जो सोना उगलते हैं—किसके हैं?
ये खेत जो सूख गए
इनमें क्या बोया गया था?
वे लोग जो फूलों को देखकर जीते हैं—कैसे हैं?
और ये लोग कौन हैं
जो पौधों को सींचते हैं
मौन हैं?
मुझे पता नहीं वर्षा की बूँदों और सूखी हुई झाड़ियों में
कैसा संबंध है?
चारों संबंध है?
चारों तरफ़ फैल और
घिरे हुए लोगों की चीखें
कहाँ से निकलती हैं?
गलियों में बड़े और पड़े हुए कुत्तों को
कौन खाना खिलाता है?
गायें दिन-ब-दिन क्यों दुबली

और आवारा घूमता बिजार, क्यों मोटा होता जाता है?
पिता होते तो मैं पूछता
इन ख़यालों से मेरा क्या नाता है?
मेरे चारों ओर
सड़कों और झोपड़ों के जाल
और तरह-तरह के सवाल क्यों हैं?
क्यों किसी भी सवाल का जवाब
मुझे नज़र नहीं आता।

'एक कंठ विषपायी' से

लगभग तीस वर्ष पूर्व इन पंक्तियों के लेखक ने 'एक कंठ विषपायी' के सम्बन्ध में लिखा था—"दुष्यन्त के काव्य-नाटक 'एक कंठ विषपायी' में कई स्थलों पर मार्मिक व्यंग्य के दर्शन हो जाते हैं। जर्जर रूढ़ियों और परम्परा के शव से चिपटे हुए लोगों के संदर्भ में प्रतीकात्मक रूप से आधुनिक पृष्ठभूमि और नए मूल्यों को संकेतित करने के लिए शंकर की कंकर में पर्याप्त सामर्थ्य देखते हुए दुष्यन्त ने इस काव्य-नाटक की रचना की। विडम्बना की अभिव्यक्ति के लिए उसमें राजलिप्सा तथा युद्ध मनोवृत्ति का मारा हुआ 'सर्वहत' नाम का एक पात्र है, जो आधुनिक प्रजा का प्रतीक भी है। निश्चय ही 'सर्वहत' नामक पात्र द्वारा युद्ध की विभीषिका के साक्षात् से उसके करुण अंत की विडम्बना मुखर हुई है।" (स्वातंत्र्योत्तर हिन्दी कविता में व्यंग्य)।

दुष्यन्त कुमार की प्रतिनिधि कविताओं का संकलन तैयार करते समय यह प्रश्न भी उठा कि 'एक कंठ विषपायी' के उल्लेखनीय अंशों को किस प्रकार प्रस्तुत किया जाए। इस काव्य नाटक के दो पात्र सर्वाधिक सशक्त पाए गए—सर्वहत और शंकर। फिर कमलेश्वर जी और डॉ. जयदेव तनेजा के परामर्श से इन दोनों पात्रों के कथनों के अंश निकालकर अलग-अलग प्रस्तुत करने की योजना बनी। इसी के तहत पेश हैं 'सर्वहत' और 'शंकर' के संवाद अपने संपूर्ण रूप में।

सर्वहत

जैसी आज्ञा
प्रभु
मैंने आदेशबद्ध हो
बल-प्रयोग के द्वार खोलकर
मुक्त कर दिया था पक्षी को...।
...तब से राजकुमार रुष्ट है
अपने को अपमानित अनुभव करते हैं...
मृत्यों को अपशब्द कह रहे हैं...
निजी अनुचरों को भी
अपने पास नहीं आने देते हैं
सभी वस्तुएँ अस्त-व्यस्त कर फेंक रहे हैं।
शास्त्र लिये हैं
और मुझे दंडित करने को खोज रहे हैं।

इस दुखान्त नाटक का पटाक्षेप
मेरे मंच पर आने से पूर्व हो चुका था।
सारे दर्शक? सारे अभिनेता चले जा चुके थे।
मैं तो केवल
निर्देशक की इच्छाओं का अनुचर था—
मात्र भृत्य!
मैं यह नाटक क्यों देखता भला?
मुझसे या हमसे

यह आशा कब हो जाती है
कि हर नाटक देखें...उनमें भाग लें।

कौन कहता है—
यहाँ कुछ भी नहीं है शेष।
यहाँ शेष ही तो है सब कुछ...
देखो...
सारे नगर में ताज़ा
जमा हुआ रक्त है
और सड़ी हुई लाशें हैं
मुड़ी हुई हड्डियाँ हैं
क्षत-विक्षत तन हैं
और उन पर भिन्नाते हुए
चीलों के झुण्ड
और मक्खियाँ हैं

सब कुछ तो है।
देखो वे महल हैं
कंगूरे हैं
कलश हैं
अतिथि भवन हैं
राजमार्ग हैं...
सिर्फ लोग नहीं हैं तो क्या हुआ
लोगों के होने न होने से
क्या कोई दृश्य की महत्ता कम होती है।
(सहसा कष्टपूर्वक सिर ऊपर उठाने का असफल प्रयत्न करता है)
आह!
तुम लोग शायद अतिथि हो
अथवा यज्ञ देखने के लिए यहाँ आए हो?

मैं समझ गया

यज्ञ के लिए ही आये होंगे
निश्चय ही
बहुत बड़ा
बहुत बड़ा यज्ञ हो चुका है यहाँ...
बहुत बड़ी आहुतियाँ
उसमें हुई हैं
पर तुमको आने में थोड़ा विलम्ब हो गया।
मैं
मैं कौन हूँ?
(भूमि पर चारों ओर देखकर) मैं कौन हूँ...?
इस स्थिति में
मुझे यह सांचना पड़ेगा
(उंगली से माथा ठोकते हुए)
...शायद मैं राजा हूँ
...शायद मैं शासन का प्रतिनिधि हूँ
...या मैं इस राज्य की प्रजा हूँ
या शायद मैं कुछ भी नहीं हूँ
और सब कुछ हूँ।
पर तुम क्यों पूछ रहे हो यह प्रश्न
मैंने तो तुमसे कुछ नहीं पूछा
माथा उठाकर तुम्हें अब तक
निहारा भी नहीं एक बार।

क्यों नहीं निहारा?
शायद कुछ तो मेरा स्वभाव
कुछ मेरी अक्षयता
कुछ मेरी ग्रीवा में व्रण हैं
जिसके कारण
गर्दन नहीं उठती।
शायद मैं चाहूँ भी
तो भी यह झुकी हुई गर्दन

अब यों ही रह जाएगी...
चांहू भी
तो भी
यह माथा नहीं उठ सकता...
चीज़ों के, उनके सामने पड़कर
देखने वाली दृष्टि
मुझे शायद अब
कभी न मिल पाएगी।

युद्ध...?
और रक्तपात...।
दक्ष और देव
और शंकर की सेनाएँ...
ये तुम क्या कहते हो...
मैंने वह कुछ भी नहीं देखा।

इस दुखान्त नाटक का पटाक्षेप
मेरे
मंच पर आने से पूर्व हो चुका था।
सारे दर्शक
सारे अभिनेता
चले जा चुके थे।
मैं तो कवेल
निर्देशक की इच्छाओं का अनुचर था :
मात्र भृत्य!
मैं यह नाटक क्यों देखता भला?
मुझसे
या हमसे
यह आशा कब की जाती है
कि हम नाटक देखें
उसमें भाग लें।

हाँ;
पटाक्षेप होने पर
मंच की सज्जा-सामग्री को सँजोने के लिए
किसी भृत्य को आना चाहिए था
मैं यथा समय आया हूँ।

क्योंकि यह
विधाता के नियमों की बिडम्बना है।
चाहे न चाहे
किन्तु
शासक की भूलों का उत्तरदायित्व
प्रजा को वहन करना पड़ता है,
उसे गलित मूल्यों का दंड भरना पड़ता है।
और मैं मनुष्य ही नहीं हूँ
मैं प्रजा भी हूँ।

थका हुआ नहीं हूँ
बुभुक्षित हूँ...
(विक्षिप्त जैसी धीमी हँसी)

सुनो!
क्या तुम्हारे पास
        एक रोटी होगी?

जाते-जाते शिव के गणों ने
दक्षिण नगर-द्वार की गुफाओं में छिपे हुए
मुझको भी पकड़ लिया...
मेरे भी तन पर व्रण छोड़ दिया
ये देखो...
(घाव दिखलाता है)
और मैं अचेत हो गया था

...किन्तु मैं बुभुक्षित भी था
इसीलिए आँख जब खुली
तो मैं
दो रोटी पाने की आशा में
इतना सब रक्तस्राव सहकर भी
यहाँ तक चला आया।

बोलो...
तुम मुझको रोटी दे सकते हो?
(मौन से उनकी असमर्थता भाँप कर)
अचछा न सही रोटी...
मदिरा का एक घूँट...
(फिर मौन)
वह भी नहीं!
वह भी नहीं!!
    फिर तुम क्यों आए हो?
    बोलों क्यों आए हो?
जमे हुए रक्त पर
अपनी संवेदना का अमृत छिड़कने?
या केवल दृश्य-परिवर्तन के लिए?
बोलो,
उत्तर दो।
(फिर मौन)

...जाओ
मेरे राजमहल से निकल जाओ
फ़ौरन निकल जाओ
इसी क्षण निकल जाओ
जाओ...,

ओह!

सब समझा।
मैं समझ गया
नगर में तुम्हें भी कहीं
मदिरा या अन्न नहीं मिल पाया—
तुम भी यहाँ इसीलिए आए हो।
है ना?
(उल्लास से)

तुम भी बुभुक्षित हो...
मैं भी बुभुक्षित हूँ...
हम सब बुभुक्षित हैं...
ये सारी दुनिया बुभुक्षित है...।
(विक्षिप्त हँसी हँसते हुए)

खाओ...खूब खाओ
यहाँ सब कुछ है
        सब कुछ है...।
        देखो ये महल हैं
        कंगूरे हैं
        कलश हैं;
अतिथि-भवन हैं
राजमार्ग हैं...
इन सबको खालो
इन सबसे भूख मिट जाती है
इन कलश-कंगूरों को खाकर ही
मेरी
और तुम्हारी
और हम सबकी
क्षुधा शान्त होगी
वरना...
भूखे रह जाओगे

हाँ ऽऽऽ

हम सब मर जाएँगे एक रोज़
पेट को बजाते
और भूख-भूख चिल्लाते
हम सब मर जाएँगे एक रोज़...
—ठूँठें रह जाएँगी
साँसों के पत्ते झर जाएँगे एक रोज...
(रुककर फुसफुसाते हुए)

सुनो,
मैं तुमको सावधान करने ही आया हूँ।
वे तीनों लोग
अभी थोड़ी देर पहले जो शोर सा मचाए थे,
और अभी गए हैं,
वे तुमको खने के लिए यहाँ आए थे।
मैं छिपकर सूँघ रहा था उनको।
वे तीनों भूखे थे।
उनकी आवाज़ों में भूख लिखी हुई थी।
काश...
मैं उनके चेहरों की लिखावट पढ़ पाता।

यों भूखा होना
कोई बुरी बात नहीं है,
दुनिया में सब भूखे होते हैं
सब भूखे...
—कोई अधिकार और लिप्सा, का,
—कोई प्रतिष्ठा का,
—कोई आदर्शों का,
और कोई धन का भूखा होता है...
ऐसे लोग अहिंसक कहाते हैं

मांस नहीं खाते
मुद्रा खाते हैं...।
(हँसता है)

किन्तु बंधु
जीवन की भूख
बहुत कम लोगों में होती है।
बहो ऽ ऽ त कम में...
तुम
जीवन की भूख का मतलब समझते हो?
(हँसते हुए)
तुम कुछ नहीं समझते

बहुत भोले हो...
ज़रूर भले आदमी हो
ऐसे ही लोगों में
...जीवन की भूख हुआ करती है।
(सहसा विष्णु के पाँवों की ओर देखकर)

और यह भी
जो निकट आ रहा है
ज़रूर भला आदमी है,
भूखा है,
है ना?
हर भला आदमी
ज़रूर भूखा होता है
(पागलों की तरह लड़खड़ा कर मंच पर घूमता है)
आओ।
आओ मेरे बच्चों
निकट आओ
आओ मुझसे सट जाओ...

जब तक ये महल
ये सोने के कलश और कंगूरे
और ये राजमार्ग
हमारे खाने के लायक़ बने
तब तक तुम
—मुझको ही खाओ।

आओ मेरे बच्चों
डरो मत
आओ।
(आत्मीयता से धीरे धीरे)

हाँ
देखो,
पहले मेरा दिल निकाल कर खाना
फिर दोनों हाथ...,
इन्होंने मुझे
बहुत कष्ट दिया;
ये अगर न होते तो यह जीवन
बड़ी सुगमता से जिया जाता।
...हाँ
फिर थोड़ा सा
अपनी उँगलियों का मांस
मुझको भी दे देना।
(ब्रह्मा और विष्णु उसकी दयनीय दशा पर कातर-भाव से एक दूसरे की ओर देखते हैं)
अरे!
ये तो बोलते नहीं
हिलते-डुलते भी नहीं
शायद खड़े-खड़े मर गए
झर झर झर

साँसों के सब पत्ते झर गए
...खड़े-खड़े मर गए—
...बेचारे—
भूख के मारे!
चः चः चः।

किन्तु
मैं अकेला रह गया हूँ अब
बिल्कुल अकेला
पूरे नगर में अकेला...
आह!
इन राजमहलों से मोह
तब तोड़ता पड़ेगा मुझे
बहुत शीघ्र अब
यह नगर छोड़ना पड़ेगा मुझे
वरना क्या खाऊँगा और क्या पियूँगा यहाँ?

छोड़ना...
ग्रहण करके
छोड़ना
कितना कठिन होता है
आह!

मैं सुनता हूँ...
मैं सब कुछ सुनता हूँ
सुनता ही रहता हूँ...
देख नहीं सकता हूँ
सोच नहीं सकता हूँ
और सोचना मेरा काम नहीं है
उससे मुझे लाभ क्या
मुझको तो आदेश चाहिये

मैं तो शासक नहीं
प्रजा हूँ
मात्र भृत्य हूँ
इसीलिए केवल सुनना मेरा स्वभाव है।

मैं? हाँ...
मैंने पहचान लिया
मैंने सुनकर ही पहचान लिया
—ठीक वही स्वर है
—वही
जो मेरे महलों में एक रोज
भूखों की भीड़ ले आया था।
बोलो...
क्या तुमने भी मुझको पहचान लिया?
(रुक कर)

याद नहीं आता क्या?
पर मुझको याद है
मैं कभी सुनने में भूल नहीं कर सकता।
हाँ, मुझको याद है
कि मैंने तुमसे

यह कभी न पूछा था—
तुम किसकी आज्ञा से आए हो?
मैंने तो बाहें फैलाकर तुम्हें अनायास
अपनी यह देह भेंट कर दी थी
पर तुमने कुछ भी न खाया था...
(रुक कर)

ये भी तुम्हें याद नहीं?
ओह!

अब समझा,
तुम शासक हो,
उनकी स्मरण-शक्ति दुर्बल हो जाती है।
छोटी-छोटी बातें उन्हें याद नहीं आती हैं।

पर तुम जाने कैसे शासक हो!
और...जाने कैसी है तुम्हारी यह प्रजा,
—ज़रा-ज़रा बातों पर चीखती-चिल्लाती है
शासन के दरवाज़े पीटती है
नारे लगाती है
और शत्रु सेना की तरह घिरी आती है...
(सीने पर हाथ मार कर)

अरे... प्रजा हम थे
हमने उफ़ तलक नहीं की
शासन के ग़लत-सलत झोकों के आगे भी
फसलों-से विनयी हम बिछे रहे निर्विवाद
हमारे व्यक्तित्व के लहलहाते हुए
खेतों से होकर—
दक्ष ने बहुत सी पगडंडियाँ बनाईं
कर दी सब फसलें बरबाद
पर हम नहीं बोले... बिछे रहे
हमने पथ दिया सबको
क्यों कि हम प्रजा थे

पर अब मैं
एक पगडंडी के सिवा और क्या हूँ?
—धूल भरी विस्मृत सी पगडंडी एक :
जिस पर थके और जख़्मी पदचिह्न हैं अनेक :
और जो परम्परा की तरह,
एक दायरे में,

चक्कर लगाती हुई चलती है,
अव तो मैं खेत भी नहीं हूँ
और अगर खेत हूँ भी तो
अव मुझमें फ़सल कहाँ फलती है?

तुम क्या कर सकते हो,
कोई क्या करता है अथवा कर सकता है
यह उसकी अपनी सामर्थ्य और क्षमता पर निर्भर है,

यह कोई सार्वजनिक प्रश्न नहीं।
...हाँ।
...लो मैं अपना प्रयोजन ही भूल गया
यह प्रयोजनी समाज!
जिसमें हर बात का प्रयोजन
देखा जाने लगा है आज।
मैं इसमें आकर
प्रयोजन ही भूल गया।
...हाँ, मुझको याद आया
—शायद मैं भूखा हूँ
—रोटी के लिए यहाँ आया हूँ।
—नहीं! नहीं!!
रोटी नहीं,
—मांस और मदिरा।
—नहीं, ये भी नहीं
शायद कुछ और...
शायद थोड़ा सा रक्त?
(उल्लास पूर्वक)

हाँ! याद आया
रक्त!
लाल-लाल

ताज़ा-ताज़ा
गरम-गरम रक्त!
(अधरों पर जीभ फेर कर)

तुम मुझको चुल्लू भर रक्त
पिला सकते हो?
आह!
आज मैं प्यासा हूँ

देखो ना!
सूखे पड़े हैं मेरे होंठ है
जिन पर पपड़ियाँ उभर आईं।
दक्ष के नगर में मैंने
बहुत दिनों
नहीं मिला पानी तो रक्त ही पिया
और उसी पर जिया।
तुम मुझको थोड़ा सा
रक्त दिला सकते हो!

क्या बच्चो-सी बातें करते हैं आप लोग।
आप लोग शासक हैं
और शासकों को कहीं
रक्त शासकों को कहीं
आप लोग चाहें तो मेरे लिए
रक्त का समुन्दर भर सकते हैं।
—पर मैं समझता हूँ
मुझको बहलाते हैं आप लोग।
आप लोग मुझसे हैं असंतुष्ट,
अप्रसन्न।

आप नहीं

सभी लोग
...सभी मुझे देखकर घृणा से थूक देते हैं
मुझे मार डालने के लिए लपकते हैं।
पर मेरा दोष क्या है?

बस...
इसीलिए तुम मुझको
प्यासा मार डालोगे
रक्त नहीं होगे...
सिर्फ़ इसीलिए...

काश!
यह पता होता पहले से मुझे
कि चाहे वह दक्षलोक हो
अथवा देवलोक
साधारण लोगों को कहीं

न्याय मिलता नहीं
तो मैं यह रक्तपान करने की
बान छोड़ देता।

क्यों?
क्या अपने महादेव शंकर के साथ
इन्हीं लोगों ने
किया नहीं पक्षपात?
सीमा पर उनके लिए
—रक्त की नदियाँ खुलवादीं...
    और मुझसे कहते हैं—
    'यहाँ रक्त नहीं मिल सकता
    यहाँ रक्त है अमूल्य।'

बतलाओ—
मुझमें या शिव में क्या अन्तर है?
यही ना कि मैं तो सर्वहत हूँ
—साधारण हूँ—
और वो विशिष्ट देवता है, शिवशंकर है!
किंतु प्यास दोनों की एक-सी है।
(हँसता है और कुछ याद कर सहसा रुक जाता है)
ओह!
किंतु क्षमा करें
भटक गया था मैं,
(रोते हुए)

मैं बतलाऊँ क़ब आएगा?
प्रभु,
क्यों लोग 'नए' को ऊपर आने देना नहीं चाहते?
(सर्वहत की ओर संकेत)

चाहे वे साधारण जन हों
अथवा महादेव शंकर हों
क्यों इनमें अधिकांश लोग लाशें ढोते हैं;
—लाशें मरी मान्यताओं की
मरे विचारों की
भावों की...।

और उसी से सब बचते हैं
(कष्ट से खड़ा हो जाता है)
सब बचते हैं...
मैं बतलाऊँ क्यों बचते हैं...
मैंने भी मुर्दे ढोए हैं
मैं केवल बतला सकता हूँ
मैं अपनी गर्दन नीची रखता हूँ

जो अपनी गर्दन ऊँची रखते हैं
वे भी
नए सत्य को सम्मुख पकड़कर नहीं देखते,
वे भी सहसा नए प्रश्न से नहीं जूझते
उससे लड़कर नहीं देखते,
सिर्फ़ व्यस्तताओं की रचना करके
उसे टाल जाते हैं
और युद्ध भी एक व्यस्तता का नाटक है।
(सहसा व्यंग्य मिश्रित आवेश में आकर इन्द्र से)

तुमने भी न्याय के नाम पर
यह नाटक रचना चाहा था,
नए सत्य की सृजन-व्यथा से
कतराना बचना चाहा था।
—तुम भी तो अपवाद नहीं हो!
तुम भी तो ऽ अपवा ऽऽ द...हा हा हा...
रण का निर्णय लेते समय
बताओ तुमने क्या सोचा था?

शंकर

देवत्व और आदर्शों का परिधान ओढ़
मैंने क्या पाया...?
निर्वासन!
प्रेयसि-वियोग!!
हर परम्परा के मरने का विष
मुझे मिला,
हर सूत्रपात का श्रेय
ले गए और लोग।

...मैं ऊब चुका हूँ
इस महिमा-मंडित छल से...।

आह, शोक ने मुझे
अचीन्ही स्थितियों से जोड़ दिया,
महाशून्य के अन्तराल में
निपट अकेला छोड़ दिया,
सारा धीरज सोख लिया है
सारा रक्त निचोड़ दिया,
प्रिया-हीन व्यक्तित्व-विखंडित
जगह-जगह से तोड़ दिया।

प्रिया-हीन संसार

और मैं देख रहा हूँ!
अपने जीवन पर
तम का विस्तार
और मैं देख रहा हूँ!
ये अपने से ही
अपने की हार
और मैं देख रहा हूँ!

धिक् मेरा देवत्व!
कि जिसकी कायर गाथा,
धिक् मेरी सामर्थ्य!
कि जिसने टेका माथा,
धिक् मेरा पुंसत्व!
कि जिसका बोध अधूरा,
धिक् मेरा जीवन!
जिसका प्रतिशोध अधूरा।

जिस भाषा में
मिला मुझे यह प्रश्न भयंकर।
मुझे उसी में
देना होगा उत्तर!
(एक पल रुककर)

सम्प्रति बस प्रतिकार
देव, ऋषि, दानव सबसे।
आह! तीसरा नेत्र
रक्त का प्यासा कब से।
चलो
अलकनंदा की ओर चलें अब प्रेयसि!
वहाँ तुझे मैं
स्नान कराऊँगा उस जल में,

फिर चंदन से माँग भरूँगा।
फूट-फूट रोऊँगा कुछ देर वहाँ पर।
फिर बाहों में तुझे उठाकर,
हृदय लगाकर,
सुविधों का आह्वान करूँगा
फिर तुझको लेकर
मैं वन के हर उस कोने में विचरूँगा—
तेरे साथ जहाँ
जीवन के
सर्वोत्तम क्षण मैंने भोगे।
चलो... अलकनंदा की ओर चलें अब प्रेयसि।

ये कौन?
कौन, कैलास-शिखर पर
अनाहूत आया?

ये किसका स्वर है
जो मेरे निश्चय से टकराया?
स्तुति करता
सामने नहीं आता है
बचता है।
यह कौन मुझे
सम्मोहित करने को
छल रचता है।

मैं पारब्रह्म?
कैलाशनाथ!
मैं निर्माता?
मैं कालजयी व्यक्तित्व?
स्वयंभू महादेव!

ये सारे संबोधन
हैं कितने क्रूर व्यंग्य!
जो करते आए हैं मेरे संग
छल सदैव।

तुम दास समझते हो
मैं मित्र समझता था।

संबोधन
और सर्वनामों की सृष्टि रोक,
उत्तर दो
मेरे एक प्रश्न का मित्र मान,

दक्ष के यज्ञ में
आमंत्रित थे सभी देव;
था किन्तु उपेक्षित मैं,
पर तुमने दिया ध्यान?

देवत्व और आदर्शों का परिधान ओढ़
मैंने क्या पाया?
निर्वासन!
प्रेयसि-वियोग!!
(गहरी पीड़ा से)

हर परम्परा के मरने का विष,
मुझे मिला,
हर सूत्रपात का
श्रेय ले गये और लोग।
(क्षण भर रुक कर)

मैं ऊब चुका हूँ

इस महिमा-मंडित छल से,
अब मुझे स्वयं का
वास्तव-सत्य पकड़ना है,
जिन आदर्शों ने
मुझे छला है कई बार
मेरा सुख लूटा है
अब उनसे लड़ना है।
(फटकारते हुए)

बोलो
क्यों आए हो?
क्या और अपेक्षित है?

कर्तव्य तुम्हारा
धन-संचय से इतर
और भी है कोई?
यदि है तो, हे धनपति कुबेर!
यह है कुयोग;

मैं तो समझा था
धन के दृष्टि नहीं होती
भावना-शून्य हो जाते हैं
धनवान लोग।
आत्मस्थ बना देती है सत्ता मित्रों को
आचरण बदलते जाते हैं उनके क्षण-क्षण,
अपनत्व ख़त्म हो जाता है,
बच रहता है थोड़ा सा शिष्टाचार
और औपचारिकता,
प्रभुता का ऐसा ही होता आकर्षण।

बन्द करो अपना प्रलाप अब।
बार-बार संवेदन
अथवा कर्तव्यों की बात उठाते,
बार-बार ये कहना
मैं तो आया यहाँ मित्र के नाते,
ग्लानि नहीं होती है तुमको?
डूब नहीं मरते हो
अंजुलियों के जल में।
(गहरी पीड़ा से)
मित्र अगर होते हुए
मेरा अपयश या अपमान न होता,

या तो यज्ञ न होता
अथवा ऐसा कल्कि-विधान न होता।

मित्र अगर होते तुम
मेरी आत्मा यों विद्रोह न करती,
भरी सभा में मेरी प्रिया
निराद्दत होती और न मरती।

आह!
कैसे पी सका यह फूल सा तन ज्वाल!
लोग
कैसे देख पाये दृश्य का विकराल!

ओह!
देवों ने रची यह
दुरभिसंधि विरुद्ध,
और इसका अर्थ...
केवल युद्ध...
केवल युद्ध...!!

सम्प्रति केवल
बल की भाषा
शक्ति-प्रदर्शन,
सम्प्रति केवल
युद्ध, व्यूह-रचना,
अरि-मर्दन,
ओ मेरे आत्मज योद्धाओं
अरे अभागों,
ओ डाकिनियो, साकिनियो
ओ प्रेतो जागो।

जागो वीरभद्र, त्वरिता
पर्पट, ईशानी,
जागो शंकुकर्ण, गुह्यक,
वैष्णवी, भवानी।

केकराक्ष, दुद्रम,
विष्टंभवीर, संदारक,
पिप्पल, आवेशन,
आदित्यमूर्ध, सन्तानक,

जागो कात्यायनी
भद्रकाली, सर्वांकक।
समद, काकपादोदर
कुंडी; प्रमथ भयानक।
कपालीश, कूष्मांड
और भैरव सन्नाधो,
उठो, तुरत संकेतों पर
बह्मांड हिला दो...

कौन?
अलका पति!
तुम अब तक गए नहीं?
मन में अविनिश्चित संकल्प ठान
जाने किस क्षण से प्रेरित अजान,
अभय दे दिया था तुमको मैंने।
तुम अब तक गए नहीं?
मेरे प्रति सहानुभूति चुकी नहीं?

देवलोक!
देवलोक!! देवलोक!!!
जो कि इस परिस्थिति का
नाथ है, नियन्ता है।
मृत्यु का निमित्त
और प्रेयसि का हन्ता है।

मैं उसको क्षमा नहीं कर सकता...

पल भर में त्यागो कैलाश-भूमि
अन्यथा इसी क्षण
मैं तुम्हें भस्म करता हूँ।

ठहरो।
हाँ, कह देना विष्णु और ब्रह्मा से,
संध्या तक
सती में न आई यदि चेतनता
तो मेरा क्रोध देव भोगेंगे।
...रुधिर वमन करेंगी दिशाएँ दश
आवर्ती पवन आग उगलेंगे,
चूर्ण-चूर्ण होंगी गिरि-मालाएँ,
सिंधु सूख जाएँगे।

कह देना—
होगा दिग्दाह रुधिर वर्षण के साथ-साथ
पूरा ब्रह्मांड भस्म कर दूँगा।

डमर-डमर बजने दो डमरू
जब तक शक्ति विकास न पाए
जब तक मेरी मृतक प्रिया के
शव में वापस साँस न आए।

डमर-डमर बजने दो डमरू
होने दो तांडव त्रिलोक में,
महादेव की प्रतिहिंसा भी
देखे देव-समाज शोक में।

आह प्रिया!

अब क्या रह गया शेष?
सूना सा लगता है
सारा कैलाश-देश।
नंदा का मलिन वेश।
हिम तक पर व्याप्त क्लेश।
सारे संदर्भ व्यर्थ,
जीवन का कुछ न अर्थ,
अब ऐसा एक नहीं
जो मेरे भाव ग्रहण करने में
हो समर्थ।

आह प्रिया!
मेरा हर एक शब्द
था तुझको पूर्ण वाक्य।
मेरे हित

तूने क्यों राज्य भोग त्याग दिया?
नंदा-व्रत पूर्ण किया?
क्यों मुझसे
मुझको ही माँग लिया?
...फिर मेरा हाथ छोड़
अधबर में साथ छोड़
चली गई...

दुष्यन्त कुमार : संक्षिप्त परिचय

नाम : दुष्यन्त कुमार त्यागी नाम से 'परदेशी' उपनाम तक पहुँच कर बाद में सिर्फ दुष्यन्त कुमार के नाम से अपार ख्याति प्राप्त की।

जन्म : 1 सितम्बर 1933, राजापुर-नवादा, बिजनौर (उत्तरप्रदेश)

निधन : 30 दिसम्बर 1975।

शिक्षा : इलाहाबाद विश्वविद्यालय से 1954 में एम.ए. (हिन्दी)

व्यवसाय : प्रारंभ में खेती बाड़ी से जुड़े रहे। शिक्षा पूरी करने के बाद आकाशवाणी से सम्बद्ध रहे। तदुपरांत आकाशवाणी छोड़ कर मध्यप्रदेश शासन में अधिकारी हो गए और शिक्षा विभाग में कार्यरत रहे।

कृतियाँ : **सूर्य का स्वागत** : दुष्यन्त कुमार की कविताओं का पहला बहुचर्चित और बहुप्रशंसित संग्रह। इन कविताओं ने नई कविता के संबंध में बहुत-सी भ्रान्तियों का निराकरण किया।

आवाज़ों के घेरे : इस संकलन में दुष्यन्त कुमार की आगे की कविताएँ हैं, जिनके विषय में बच्चन जी की यह टिप्पणी महत्वपूर्ण है ''रचनाएँ मुझे बहुत पसंद आईं। सोचने लगा किसको ज़्यादा अच्छी कहूँ। फैसला नहीं कर सका। भरतू की कोई चीज़ नहीं। व्यक्ति और समष्टि की वेदना मयी किन्तु आस्थावान अनुभूतियों की ऐसी अभिव्यक्ति आज दुर्लभ है।''

एक कंठ विषपायी : 'अंधा युग' के बाद दूसरा महत्वपूर्ण काव्य नाटक जिसका मंचन सैंकड़ों बार हो चुका है।

जलते हुए वन का वसन्त : दुष्यन्त की काव्य यात्रा का एक उल्लेखनीय सोपान जो प्रकाशित होते ही चर्चा का विषय बन गया।

साये में धूप : दुष्यन्त की ग़ज़लों का कालजयी संकलन। इस संकलन ने हिन्दी-उर्दू ग़ज़ल की दुनिया में हलचल मचा दी। दुष्यन्त का नाम हर काव्य प्रेमी, व्यापारी, क्लर्क, अफसर, अध्यापक-प्राध्यापक की जुबान पर चढ़ गया। इसके अलावा दुष्यन्त कुमार ने उपन्यास, लेख, आलोचनाएँ भी बड़ी मात्रा में लिखी। दुष्यन्त कुमार के हिन्दी संसार में ही नहीं, अपितु साहित्य की दुनिया में एक शिखर रचनाकार के रूप में जाना गया। 'छोटे-छोटे सवाल' और 'आंगन में एक वृक्ष' दुष्यन्त के उपन्यास हैं।

गोपाल कृष्ण कौल द्वारा संपादित 'ग़ज़ल सप्तक' के एक महत्त्वपूर्ण कवि।

दुष्यंत की ग़ज़लों पर कई विश्वविद्यालय में शोध कार्य हो रहे हैं।